服务创造价值
服务提升银行网点竞争力

周永发 著

中国金融出版社

责任编辑：张　驰
责任校对：刘　明
责任印制：陈晓川

图书在版编目(CIP)数据

服务创造价值　服务提升银行网点竞争力（Fuwu Chuangzao Jiazhi　Fuwu Tisheng Yinhang
Wangdian Jingzhengli）/周永发著.—北京：中国金融出版社，2016.6
　ISBN 978–7–5049–8567–5

I.①服… II.①周… III.①银行－商业服务－研究 IV.①F830.4

中国版本图书馆CIP数据核字(2016)第128037号

出版
发行 **中国金融出版社**

社址　北京市丰台区益泽路2号
市场开发部　(010)63266347，63805472，63439533 (传真)
网上书店　http://www.chinafph.com (010)63286832，63365686 (传真)
读者服务部　(010)66070833，62568380
邮编　100071
经销　新华书店
印刷　北京侨友印刷有限公司
装订　平阳装订厂
尺寸　169毫米×239毫米
印张　17.25
字数　256千
版次　2016年6月第1版
印次　2016年10月第3次印刷
定价　65.00元
ISBN 978–7–5049–8567–5/F.8127
如出现印装错误本社负责调换　联系电话 (010)63263947

前　言

"服务创造价值　服务提升银行网点竞争力"，这是基于众所周知的"劳动创造价值"理论。因为服务也是一项非常重要的劳动。在当今时代，中国经济正在转型升级，第三产业比重早已超过第二产业，中国经济正由工业主导向服务业主导加快转变，整个经济已迈入"服务化"时代。李克强总理在十二届全国人大四次会议上所做的《政府工作报告》指出，"2015年我国结构调整取得积极进展。服务业在国内生产总值中的比重上升到50.5%，首次占据'半壁江山'。消费对经济增长的贡献达66.4%。"这标志着中国经济正式迈入由服务业主导的"服务—消费"时代。服务业将成为中国经济增长的新动力，这已经成为经济新常态下一道亮丽的风景线。银行作为服务行业，做好了服务自然是做好了"本质"和"实质"工作。"服务创造价值"也是从大量的网点服务实例中总结出来的。无数银行网点通过大抓服务，客户群体扩大了，市场规模扩大了，指标完成起来也轻松了，队伍也好带了。因此，服务是银行网点乃至一家商业银行的立足之本、生存之道。

银行网点是商业银行的服务窗口和形象代表。网点服务好，一家银行服务就好；网点盈利能力强，则这家商业银行盈利能力就强。目前一家商业银行的利润中平均七成以上来自一线网点。因此，银行网点在商业银行经营管理体系中具有至关重要的和不可替代的作用：银行网点是商业银行的基本经营单位，也是商业银行重要的经营资源。银行网点在满足客户需求、为客户创造价值的同时，也为商业银行创造价值。银行网点深抓服务工作的实际成效又清楚地证明：服务不仅创造价值，服务还创造奇迹、创造神话。这也是本人走访考察上百个银行网点和暗访了几百个银行网点后得出的结论。

服务又是如何创造价值的呢？从服务与营销的关系来分析，服务的目的是为了提高客户满意度，从而进一步扩大客户群。而营销的目的也同样是为了招揽更多的客户，两者高度一致。因此，得出的结论是：服务是营销。换个角度，服务其实就是员工与客户之间的事件。服务工作是从员工做起，员工的服务行为让客户满意了，就能带来客户满意度的上升，进而带来客户忠诚度上升。哈佛大学商学院的研究成果"服务—利润链"关系正好详细、深入地对此进行了诠释。通过对国际上成功服务企业的付出与收益、服务与回报进行考察，又得出结论：服务是哲学。再继续考察下去，又得出服务是艺术、服务是责任、服务是文化、服务是系统工程的一系列结论。要想真正做好服务，必须按系统工程一项项地落实和完成方能奏效。

而提升网点竞争力，还必须深刻领会和理解"以客户为中心"的服务理念。服务理念决定服务行为，要做好服务，必须先从思想上和观念上做起，把"以客户为中心"的服务理念固化到服务制度上、服务流程上、服务渠道上与服务产品上，落实到服务设施上和服务行为中，物化到消费者权益保护的措施上。有人说服务理念看不见、摸不着，其实不然，服务理念是能够看得到、能够感受得到、能够体验得到的。因为当把"以客户为中心"的服务理念物化了和固化了，就一定会通过物质形式表现出来。所以，网点做服务就要"以客户为中心"，改进服务制度、优化服务流程、丰富服务渠道、创新服务产品等。同时在服务形态上，以物理网点为支撑，开展互联网金融服务，实现线上服务与线下服务的完美结合。

智能银行就是将线上服务与线下服务完美结合的一种新型银行模式，它有传统银行网点不可比拟的许多优势，也从一个角度牵引着银行网点转型的方向。客户对一家银行网点的体验满意与不满意，往往直接影响客户满意度，且还会成为客户选择银行网点的参考指标。

体验式网点服务便成了提升网点竞争力的一个途径。而体验式网点服务所遵循的标准正是《中国银行业营业网点文明规范服务考核评价体系（CBSS1000 2.0）》。而制定和修订这个考核评价体系所贯穿的思想正是"以人为本"、"以客户为中心"的服务理念。

银行网点做好服务工作靠谁？靠员工。网点员工的服务能力决定了网点服务水平与质量。因此，网点员工服务能力提升就显得十分重要。服务能力的提升须通过业务知识与基本技能、服务礼仪与沟通能力的学习培训，以及日常情景模拟训练和突发事件处理实战训练等。

互联网金融和智能银行给人以全新感觉，大量传统的物理网点如何求得生存与发展？本书就提出了也是首次提出卫星银行的概念，即通过卫星银行原理整合存量网点，布局新增网点。从而实现资源使用最少，而服务半径覆盖面积最大化，使人、财、物这些宝贵资源发挥出最大效应。

在提升网点竞争力、促进网点实现战略转型方面，大力开展中间业务，改善业务结构，从而改善收入结构，提高抗风险能力，这是商业银行的必由之路。为扩大中间业务收入在总收入中的比例，在减免手续费的同时，大力开展理财业务可增加佣金收入。

私人银行业务作为商业银行的战略高地，是商业银行未来发展的新的利润增长点。因为，我国经济社会的快速发展催生了一大批私人银行客户和高净值人群，他们的金融服务需求多维度、多元化。简单的金融服务已不能满足其金融需求。银行网点乃至商业银行应进行供给侧改革，为私人银行客户和高净值人群提供私人定制式的金融管家服务。

正是基于以上思考，本人开始了《服务创造价值　服务提升银行网点竞争力》一书的写作。历时一年多，终于完成了苦行僧式的撰写任务。本书共分8章40节，引用了大量网点服务创造价值的经典案例以及网点硬件与软件服务改进图片。详细分析、研究和探索了银行网点服务提升的思路、途径、办法与措施。力争图文并茂地给读者一个清晰的认识和直观感受。在本书写作过程中，本人查阅了大量相关文献资料，同时，也得到了一些商业银行及其分支机构特别是一些网点负责人、大堂经理、理财经理、柜台员工的大力支持，在此一并表示感谢。同时也要感谢中国金融出版社的大力支持。

《服务创造价值 服务提升银行网点竞争力》面向营业网点和广大从业人员，融专业性、知识性、创新性、实用性于一体，内容全面、数据翔实、信息量大、覆盖面广。从章节体例到概念界定，从内容安排到材料取舍，都进行了反复斟酌，仔细推敲。对示范单位、品牌网点、旗舰网点、星级网点打造，对银行营业网点服务改进等都具有较强的指导作用和参考价值。

需要说明的是，由于时间仓促，难免疏漏，不足之处，敬请广大读者指正。

周永发

2016年4月

目 录

第一章　服务创造价值　　　　　　　　　　　　　　　　　1
第一节　服务创造价值实例扫描　　　　　　　　　　　　　2
第二节　服务为什么能创造价值　　　　　　　　　　　　20
第三节　服务是营销——服务营销发展历程　　　　　　　31
第四节　服务是哲学　　　　　　　　　　　　　　　　　33
第五节　服务是艺术　　　　　　　　　　　　　　　　　43
第六节　服务是责任　　　　　　　　　　　　　　　　　58
第七节　服务是文化　　　　　　　　　　　　　　　　　67
第八节　服务是系统工程　　　　　　　　　　　　　　　75
第九节　银行网点服务引领社会文明进步　　　　　　　　80

第二章　服务提升银行网点竞争力　　　　　　　　　　　84
第一节　"以客户为中心"做好消费者权益保护工作　　　85
第二节　"以客户为中心"改进服务制度　　　　　　　　88
第三节　"以客户为中心"优化服务流程　　　　　　　　90
第四节　"以客户为中心"丰富服务渠道　　　　　　　　94
第五节　"以客户为中心"创新服务产品　　　　　　　　110

第三章　智能银行　　　　　　　　　　　　　　　　　115
第一节　智能银行的形态与内容　　　　　　　　　　　116
第二节　智能银行的优势　　　　　　　　　　　　　　124
第三节　智能银行引领网点转型方向　　　　　　　　　127

第四章　体验式网点服务 133

第一节　网点环境体验 134

第二节　自助银行体验 146

第三节　信息管理体验 149

第四节　大堂服务体验 151

第五节　柜面服务与效率体验 155

第五章　网点员工服务能力提升 166

第一节　服务理念与团队精神 167

第二节　业务知识与基本技能 173

第三节　服务礼仪与沟通能力 176

第四节　日常情景模拟训练 181

第五节　突发事件处理 188

第六章　建设卫星银行　实现网点集群服务 195

第一节　卫星银行未来网点布局的方向 196

第二节　卫星银行助推网点服务供给侧改革 199

第三节　卫星银行延伸网点服务 203

第四节　卫星银行开启降低经营成本的新模式 208

第七章　围绕客户需求做好理财服务 212

第一节　扩大优质客户群体 213

第二节　优化业务结构 219

第三节　改善收入结构 224

第四节　提升银行网点服务功能 227

第八章 拓展私人银行业务 231

第一节 私人银行——商业银行的战略高地 232

第二节 发展私人银行吸引高净值客户 237

第三节 探索全权委托资产管理服务模式 240

第四节 关注家族财富传承服务 244

第五节 私人银行业务推动公司业务发展 248

附件1 银行客户满意度指数项目体系 252

附件2 银行客户满意度调查问卷 253

参考文献 266

第一章　服务创造价值

　　劳动创造价值，服务也是一项非常重要的劳动。因此，服务同样创造价值，这个道理可从本章大量翔实的案例中折射出来。服务是营销，上佳的服务方案就是上佳的营销方案；不仅如此，服务也是哲学、是艺术、是责任、是文化、是系统工程。

第一节 服务创造价值实例扫描

服务创造价值，若仅凭一句话或一个逻辑推理，还不能给人一个实实在在的感性认识。本节将首先通过几个经典案例的分解来解决感性认知问题。

一、服务创造价值

经典案例 客户追逐优质服务

一天，中国光大银行南宁分行营业部走进来一位客户，他对大堂经理说："姑娘我有1个亿的资金想存你们银行，你们要不要呀？"聪慧的大堂经理没有放过客户哪怕是玩笑话中的一丝有价值的信息，便面带微笑地回问道："先生，您没开玩笑吧？"客户回答道："没有啦，我在这市区转了转，进了几家银行体验一下，发现还是你们这家银行让我感觉好。"大堂经理说："好吧，先生

请随我来"，于是便把这位客户带到VIP室，将一杯饮品递到客户手上然后便向营业部总经理发了一条短信，总经理迅即赶到VIP室。经过和这位客户的交流，得知这是一家外企在中国分公司的一位大客户。之后这位大客户的资金账户便开在营业部了，不久两笔共1个多亿的外汇资金便从海外划入账户。这个案例说明银行服务好与不好，客户是很容易就能感受到的，也会择优选用银行。

这个营业部就是曾经在2009年和2011年连续两届荣获"中国银行业文明规范服务'百佳'示范单位"（以下简称中国银行业"百佳"单位）殊荣的银行网点。2009年广西银行业仅诞生了这一家带"中"字头的全

国范围的"百佳"单位。2011年营业部继续推进品牌建设,"以效率促发展,用服务赢效益",营业部经营班子把服务作为全行的重要工作来抓,制定目标,全面推进。从社区服务、理财沙龙、产品推荐会、群发短信等渠道落实客户服务升级活动;结合高端体检项目等增值服务,提高了营业部贵宾客户的含金量。又如:营业部领导班子狠抓业务服务效率,梳理业务流程,缩短柜台办理时间;夯实客户基础,强化服务品质;打造具有支行特色的产品及服务;发挥团队精神,提升执行能力;深化阳光服务,打造全国"百佳"。为此,营业部从落实各项标准入手,先后召开"百佳"标准对标达标工作动员大会和工作部署会,并结合分行阳光服务要求,制订了《营业部阳光服务标准化管理实施方案》,在阳光服务标准的基础上,更深层次地按照"百佳"检查标准严格执行。经过努力,营业部以广西地区总分数第一的成绩蝉联2011年中国银行业"百佳"单位。2011年的中国光大银行全系统服务经验现场交流会放在这个网点召开。

五年来,该营业部一直保持了持续快速发展的势头。2015年末,各项存款、各项贷款、中间业务收入和净利润较2011年分别增长了55%、200%、201%和50%;信贷业务未出现不良贷款;人均创利由过去135万元提升至240多万元;人均利润多年来在中国光大银行南宁分行排名第一。2014年又以优质的服务通过了中国银行业协会《中国银行业营业网点文明规范服务评价标准(CBSS 1000)》新标准考评,顺利摘得"2014年度中国银行业文明规范服务千佳示范单位"(以下简称中国银行业"千佳"单位)光荣称号和"中国银行业文明规范服务五星级营业网点"(以下简称"五星级网点")牌匾。

中国光大银行南宁分行营业部创建旗舰网点的主要思路:

一是创新服务产品。营业部服务紧跟时代步伐,为适应互联网金融时代的到来，适时推出了微信银行，充分利用了微信渠道的前沿便利，提供给客户最新潮的应用体验。同时还推出了瑶瑶缴费，为水、电、燃气、通讯、有线电视、加油卡、手机充值等八大类缴费项目提供近300项缴费服务，下载免费、使用免费，且瑶瑶缴费的服务范围还在不断扩大。

二是创新大堂服务手段，用心温暖客户。围绕贯彻"以客户为中心"的服务理念，推出领导坐大堂，晨迎制度，多说一句话、多做一点点，大堂协同作业等十项做法。在客户识别方面，营业部引入了大堂易系统PAD，客户刷卡取号即时识别客户身份，提供差异化服务；并且PAD上会分别显示客户已持有的光大银行产品与适宜推荐的产品，使大堂人员能更精准地了解客户需求，提升营销的有效性。针对广西与东盟日益紧密的经贸往来，营业部还特别开设了泰语、越南语、老挝语等小语种服务，既让东南亚的朋友感受异乡的友好，也让示范单位服务美名远播。

三是大力推进移动金融服务。营业部将手机银行系统全面升级，在电子银行体验区摆放了iPhone、iPad和智能手机，客户可以直观地感受光大电子银行产品的便利。手机银行系统在"账务查询"、"特惠商户"、"信用卡分期"、"金融助手"、"便捷缴费"基础上，又新增了"理财计算器"、"机票服务"、"游戏点卡"、"电影资讯"、"公益捐款"等人性化选项。

四是积极承担社会责任，感恩回报社会。"赠人玫瑰，手留余香。"营业部时刻牢记自己的社会责任，积极参与捐资助学、救灾扶贫等慈善事业。将责任的触角延伸，参与"大地之爱·母亲水窖"公益项目，为广西、贵州等多个缺水地区贡献绵薄之力。营业部还多次接待来自不同地区的同业参观团，主动交流分享经验，传播文明规范服务。

五是培育企业文化，打造专业团队，铸造服务品牌。积极倡导"感恩、进取、担当、和谐"的企业文化。开启了企业文化建设的三个阶段：

微笑服务——做到够热情，塑造社会形象和个性文化；日行一善——做到够朋友，提升融洽氛围，承担社会责任；追求卓越——做到够专业，以文明规范服务示范单位创建活动为契机，对外积极参与同业交流，对内积极推进"打造微笑名片"及"心服务、新体验"两大服务工程，培育特色服务文化。营业部通过每周一例会，每日一晨会的形式，建立起了更为严格的常态化培训制度。对于新员工，采取以老带新"一帮一"的做法，确保团队整体专业服务水平的稳定性。金融理财师针对不同客户的需求提供"客户经理+投资顾问+业务助理"的专业服务。员工还通过优质服务最终把"家"的感觉传递给客户，努力帮客户创造财富，共享阳光。

经典案例　**200万元一元纸币清点出了精神　因您而变**

一天，一位金葵花客户杨先生紧锁眉头走进招商银行沈阳北市支行营业厅，找到大堂经理，表示他有200万元的一元纸币，他为这批零钞现金伤透了脑筋，希望支行能帮他清点并存起来。清点一堆需要至少4台面包车才能运输的零钞，似乎是一项不能完成的任务。经请示，北市支行营业厅决定接下这笔"大单子"。当零钞运到支行后才发现，这批零钞来源于公交系统，残损、污迹严重，加上长期挤压变形，无法进行机点。于是，支行员工们决定手点，

五名员工被安排每天定时段集体手点。经过两天总计近10个小时的努力，才完成200捆零钞的清点入账。经历这两天的清点，杨先生对支行的优质服务表示充分肯定，并主动提出为支行介绍两名钻石级客户。接下来，支行又用了好几天才完成这批零钞的清点工作，用细致与耐心诠释了优质服务。

招商银行沈阳北市支行多年来秉承"因您而变"的服务理念，大力提升软性服务，将"内部服务"和"外部服务"相结合，形成了带有

北市支行特色的持续化、常态化、品牌化的服务管理模式，以优质的服务，赢得了客户的一致好评和认可。2015年，北市支行拥有干部员工41人，经营利润过亿元，中间业务收入同比增长35%，人均利润350万元。2014年，支行摘得中国银行业"千佳"单位和"五星级网点"殊荣。

归纳起来，支行以下工作可圈可点：

一是以人为本，优化服务流程，降低客户等候时间，提升客户满意度。如设置弹性窗口，由管理级人员及时查看各区域客户等候情况，及时安排弹性窗口，最大限度地减少客户的等候时间。又如试点无纸化业务系统，客户只需要在触摸屏上签字确认即可，既方便客户办理业务，又解决了单据填写错误率高、纸张浪费不环保的问题。

二是设立残障人士专项服务流程。为了方便残障人士办理业务，支行设立专项通道、专项电话、专人负责、专项窗口、专项便民措施等，为残障人士提供专项服务。同时，对于无法来支行办理业务的客户，支行可安排专人上门办理业务，保证残障人士业务办理更贴心。

三是贴心的个性服务。支行全面使用金葵花贵宾室门禁系统，一方面保证了贵宾客户办理业务的私密性，另一方面门禁系统的提示功能让客户经理提前对到访客户做好服务准备，提升了贵宾客户的满意度。在提供客户正常饮水服务的同时，支行夏季配备雪碧、可乐、橙汁等冷饮，冬季则加配咖啡、豆浆、牛奶等热饮，为低糖需求客户提供茶水等低糖饮品。同时，支行实时记录每一位到访客户的饮品喜好，便于其下次到行里来时主动为客户提供饮水服务。

四是开展个性化服务技能培训和服务实景演练。支行在开展金融英语培训、手语培训的同时，针对周边朝鲜族客户多的特点，专门开展了朝语培训。针对银行网点常遇到的特殊案例，支行每月开展服务实景演练，以提升员工应对突发情况的能力。

五是关爱员工，开展"内部服务"。"只有让员工满意了，员工才能让客户满意"！本着这一宗旨，支行每年都开展丰富多彩、以人为本、关爱员工、提升员工凝聚力的企业文化活动。首先，确立了"领导服务员工、各部门相互协作"的工作机制。其次，内部设立了移动图书馆、开辟了健身角，最大限度地为员工提供一个减压放松的环境。最后，领导关注员工八小时外的生活，积极开展员工家访、座谈，解决员工生活中遇到的问题和困难。

六是回馈客户，践行社会责任。支行坚持开展"理财公益行"活动，普及金融知识，提示客户最新的金融诈骗；员工走进社区，向广大居民宣传普及反假币、反洗钱的金融知识；举办小微企业服务宣讲会，向资金困难的小微企业伸出援助之手，为小微企业主解决燃眉之急。并开展客户回馈活动。每年支行都会举行超过十场的包括体检在内的客户回馈活动。在关心客户的财富健康同时，不忘关心客户的身体健康。

二、服务创造奇迹

经典案例　您身边的银行　急您所急　帮您所帮

一天下午，客户王女士焦急地来到位于北京南城二环路旁的工商银行北京广安门支行营业室，咨询为出国留学的孩子办理跨境汇款的事情。那天是学校收缴学费的最后一天，且到账时间必须是当天下午4点以前。王女士介绍，之前的几天时间里，她通过境外中介机构代理支付，由于汇款限额、交易信息有误等多种原因，对方一直无法确认汇款；她又几次改换手机、身份证、账户信息，仍然无法完成汇款。眼看缴费截止日期将至，她想起了广安门支行营业室也提供出国金融服务。抱着最后一线希望她来到这个网点，找到

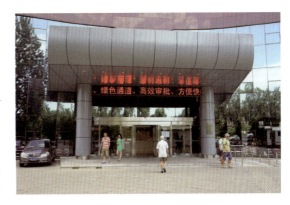

客户经理小张。在了解完情况后，小张忙而不乱地启动紧急绿色通道，在柜员的帮助下，在安慰客户的同时，为王女士核实、调整了身份证与账户信息、重置网银密码、开通网银支付，联系境外学校、核实境外代理支付流程。经过紧张忙碌，终于在4点之前，成功完成跨境汇款操作并

得到了校方的收款确认。王女士感激不尽地发来近四千字的感谢信。这位王女士经营一家外贸企业，近年来美元持续贬值使其美元资产损失不少，心情沉重。支行得知此情况便主动找王女士商讨，帮她提供远期结售汇业务，以对冲汇率风险，尽量减少她的汇率损失。王女士十分高兴，此后便让支行帮其理财，目前王女士已升为私人银行客户。

优质的服务必然带来优异的业绩。2015年广安门支行营业室各项业务持续发展，各项存款过100亿元，各项贷款90亿元，人均创利650万元。2014年广安门支行营业室凭借优质文明规范服务，成为中国银行业"千佳"单位。一个网点人均创利超过500万元的业绩是如何创造出来的，归结起来有如下几点：

一是以争创中国银行业"千佳"单位为契机，持续改进服务和客户体验。随着"争创千佳"活动的展开，营业室深刻意识到，提升服务软实力，是落实"服务创造价值"、保证自身长期持续发展的关键。为了有效提升服务效能，营业室整合了各岗位工作，缩减了后台柜员，合理安排高、低柜，高、低峰的岗位与人员设置，缩短客户等候时间。

二是推行"五位一体"的现场运营服务管理模式和服务工作"七步法"，规范柜员及大堂经理服务。"五位一体"，即一组柜员、一个大堂经理、一个理财经理、一位现场主管，加上一位网点负责人形成一个综合服务营销团队，整体提高了支行营业室客户服务、客户识别、客户挖掘、客户培养的能力。"七步法"，即手相迎、笑相问、双手接、快速

办、巧营销、双手递、目相送。用发自内心的微笑、真诚的语言和规范的服务来感动客户，赢得客户。

三是提高智能自助水平，提高服务效率。营业室经过重装改造，投放各类自助机具36台，是过去的3倍。服务业态也进行了创新，在宽敞明亮的营业大厅里布设了多个自助服务岛，每个自助服务岛由5~6台ATM存取款机、缴费机、对公回单打印机等组成。2015年与上年相比，40%的柜面业务分流到自助设备上，大大缩短了柜面排队时间，极大地提高了业务办理效率和客户美誉度。同

时通过互联网金融实现了线上、线下服务相结合，紧跟时代脉搏，有效缓解了柜台业务压力并释放出柜台员工补充到大堂服务和营销岗位，形成"一举多得"的业务格局。

四是顺应客户需求，拓宽服务渠道优势。为加速由核算交易型银行向服务营销型银行的转变，营业室正式成立了"贵金属品牌销售专区"和"出国金融服务中心"，可代理销售多个贵金属产品和提供22种币种汇兑业务，使营业室围绕客户价值创造，确立了以"大自助"、"贵金属"和"出国金融服务"为核心的特色服务创新和提升路径。

五是走进企业开展服务营销，变"坐商"为"行商"。到现场为客户

提供业务咨询、问题解答，并指导客户进行网上银行操作和进行理财购买，深受客户欢迎和赞赏。

六是强化无障碍设施建设，提升无障碍服务水平，充分履行社会责任。营业室还与北京市残疾人协会及下

属的福利基金会进行交流互动，捐赠款项；帮助福利基金会建立了网上银行通用缴费平台，赢得了社会的赞誉。

七是以人为本，加强团队建设。"人心齐，泰山移。"营业室在日常工作中，非常重视员工队伍建设。通过履职汇报会、党员工作会、员工代表座谈会以及单独沟通、家访等多种方式，及时了解员工的思想动态和实际困难。对生病和有困难的员工进行家庭走访与慰问；年末，通过给全体员工家属写感谢信，让每个员工家庭了解自己家人为团队作出的贡献和取得的成绩；对困难员工，通过调整岗位和弹性作息，帮助解决实际困难；召集职工代表、部分员工座谈会和以调查问卷的形式，认真听取大家对营业室各项工作的意见与建议，并及时回复和落实。

经典案例 一个充电宝带来千万元存款

一天，交通银行青海分行营业部走进来一位客户张女士，当她在柜台办理业务时下意识地看了一眼手机，发现没电了便皱了下眉头。这一小小的表情被旁边机敏的大堂经理捕捉到了，于是大堂经理便告诉客户："女士请别着急，我们大厅里有一个充电宝可供您充电。"说完便转身取过充电宝递给客户。

没过一会儿，张女士的业务就办完了，大堂经理看见客户看了一眼充电宝又皱了下眉头，便会意地对张女士说："张女士没关系，您可以把充电宝带走，下次来办业务时捎回就行了。"张女士满意地离开了。营业部通过这件小事发现，为手机充电应是广大客户的共同需求，于是专门购买了一台能为各种品牌和型号手机充电的手机"加油站"。大堂经

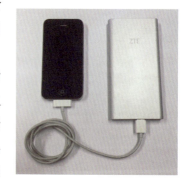

理便给那位客户去了一个电话，告诉她不用着急送回充电宝，营业部已专门买了手机"加油站"，欢迎她下次来办业务时体验。张女士非常感动，第二天便来营业部转来了2 000万元的存款，营业部立即将她升级为私人银行客户（按交通银行标准，客户金融资产在600万元以上的为私人银行客户），并引领其至沃德财富区享受贵宾服务，这让张女士更加满意，几个星期后，张女士又存入3 000万元，让营业部帮她理财。

这个大堂经理何以有如此高的服务境界？原来这个营业部就是2013年由中国银行业"千佳"单位成功升级为中国银行业"百佳"单位的银行网点。其服务理念是让普通客户享受贵宾待遇，贵宾客户享受尊贵待遇。例如，他们在普通服务区里为客户提供三种以上的饮品、电动按摩椅、天气信息以及7种以上便民设施。走进这家网点，便能感觉其每位员工的精神面貌、每一个服务环

节、每一个服务设施无不体现"以客户为中心"的服务思想。营业部共有32人，平均年龄26岁，学历均为本科以上。2013年各项存款余额增长50%，各项贷款增长率增长26%，人均创利620万元，私人银行客户数近四年来逐年翻番。这又是一个服务创造奇迹、人均创利500万元以上的营业网点。他们的具体做法：

一是以培训促规范，以规范提服务。即统一制作服务培训系列教材，组织员工学习教材，全面开展包括手语在内的服务培训；同时根据服务规范要求，开展服务提升情景演练，提升员工在实际工作中的服务能力。

二是以技能促效率，以效率促服务。一方面，通过落实《交通银行青海省分行限时服务推进方案》，以限时服务标准为最低要求，以效率更高、服务更优为最终目标，使柜员熟练操作常用交易，大幅度提高柜面业务效率。另一方面，梳理常用交易业务处理流程，提高柜面服务质量和效

率。从常用交易入手，不断优化业务处理流程，并保证业务处理的规范性和高效性，全面提升柜面服务的质量和效率。

三是以规范促服务，以服务促发展。树立以"客户为中心"的服务理念，不断培养员工的客户意识和服务意识。全面实施柜面标准化优质服务，在柜面服务细节中突出服务的标准化和高品质。

四是加大服务检查频率，不断改善服务质量。开展网点每日检查、分行定期检查与不定期抽查，检查面覆盖所有柜员、大堂经理、客户经理和在行式自助设备，并将检查结果按月通报。

五是建立神秘访客机制。聘请神秘访客进行服务检查，每季覆盖所有营业网点中所有服务人员，查找问题与不足，有针对地解决服务中存在的问题。

六是开展"服务明星"评选活动，激发员工服务主动性。针对柜员、大堂经理、客户经理条线，按月开展服务明星评选活动，设置专项奖励等多种形式予以表扬，增强团队意识和集体荣誉感，形成了比服务、比效率、比业务的良好氛围。

七是召开客户意见交流会，根据客户意见寻找服务提升方向。组织召开客户层面服务意见交流会、客户经理层面服务意见交流会，从多种渠道收集客户意见建议，从服务环境、服务态度、服务流程、服务内容、服务能力、服务意识等方面着手，站在客户的角度，对现有的制度进行重新审视和完善。

八是深入开展客户意见调查，第一时间解决客户问题。每月制作200个客户满意度调查样本，了解不同层级的客户对分行服务的真实评价，查找自身服务不足，及时地、有针对性地处理客户反映的问题。

九是定期召开服务提升例会，强化服务工单管理。定期组织对客户意见工单进行全面分析研究，按月整理，对工单中集中反映的客户热点问题进行汇总，并将客户意见进行归类、分级。对涉及服务提升的关键点，实行全流程监控，明确问题责任部门并督促改善，以客户意见为切入点提升服务的专业性。

十是收集客户需求，不断尝试服务创新。先后推出客户免填单系统、残疾人贴心金融服务、交通IC卡免费充值服务、"咖啡银行"及"唐卡银行"等一系列特色金融服务。注重完善服务细节，优化客户体验。

三、服务创造神话

经典案例　新思维　做客户的贴心人

上海浦东发展银行第一营业部坐落在上海外滩12号，一天，走进一位年过七旬的老人。这位老人的儿子在新疆建设兵团工作，由于临近退

休，因此需要将新疆社保的一万多块钱转回上海社保局，但不知什么原因，这笔款项却不知下落。老人和儿子一起为此想尽了办法，仍是一无所获，十分郁闷。这天，老人来到第一营业部寻求最后的希望。主管小钟了解情况之后决定不管多难，也要为老人查清该笔款项的去向。随后他通过与总行清算中心、付款单位开户银行不断沟通，终于找到老人这笔款项的下落。原来4年前这笔款项被转到上海社保，因账户信息有误，已被退回新疆社保。小钟协助老人找到社保相关部门，帮助老人彻底了却了这个心病。老人激动万分，连表谢意。

第一营业部多年来是中国银行业文明规范服务旗舰网点，秉承着"新思维、心服务"的工作理念，想客户之所想、帮客户之所帮，努力践行"爱心、用心、耐心"的服务宗旨，锻造了营业部服务金字招牌，

创造了骄人的业绩。2015年各项业务持续发展，各项存款超过700亿元，同比增幅27.15%。尤其中间业务增幅高达42.90%，计划完成率124%。近两年，人均税前利润超1 000万元，充分诠释了服务创造价值。2010年、2012年、2014年，顺利摘得

中国银行业"千佳"单位和2011年中国银行业"百佳"单位，2015年，在激烈的竞争中又顺利夺得中国银行业"百佳"单位桂冠，实现了中国银行业"千佳"单位三连冠、中国银行业"百佳"单位两连冠梦想。人均创利1 000万元以上可以说"服务创造神话"了。神话的诞生不是一朝一夕的事，必须经过长期的历练。第一营业部这个神话是如何诞生的？有这么几条轨迹：

一是强化行业服务品牌建设、不断夯实服务管控体系。近年来，第一营业部一直着手打造行业内的优质服务品牌。以总经理任组长的服务工作领导小组为统领，建立健全基于客户导向的差异化运营服务支撑模式，建立服务支撑专家组机制，集合营业部所有科室的智慧和经验、充分利用业务骨干的优势，为客户提供安全、高效、便捷的专属化服务；同时，建立快速响应的名单制服务管理和"柜台围绕客户转"机制，为大型和高端客户提供"一户一策、一户一团队"的差异化运营服务。

二是创新特色金融服务，打造旗舰网点品质。大力创建服务残障渠道，结合第一营业部的自身特色和优质，制定了特殊客户服务群的上门服务，界定了服务范围，为孤老、残障人士、行动不便人士提供了"一对一"的上门服务。

三是进一步巩固和深化6S管理。6S管理一直是第一营业部的服务特色，它从整体上统一了服务场所视觉，向客户展示了安全、文明、整洁、高效的窗口形象，培养了员工的自我管理意识，提高了运营工作效率。通过"员工园地"，记录、反映员工服务体会和技能交流等；在显

眼位置增设了6S责任墙，将责任包干区落实到人。让每一位客户都能体验到营业部标准化和体贴入微的服务。

四是设立"大堂非现金柜"，推崇新型服务模式。创新推出厅堂低柜销售模式——"一站式综合金融服务"，甄选具有优质服务能力的员工，结合厅堂一体化的工作要求直接办理客户的非现金业务，通过开放式的交流环境、面对面的微笑交流来分流普通柜面和贵宾柜面的客流；同时又以主动服务带动产品营销，积极拓展营销渠道。

五是组织创建了多语种服务平台。为了适应上海国际金融中心建设的需要，第一营业部以行内员工为载体，成立了英语、日语、西班牙语等多语种的服务团队，满足了来自美、日、韩、德、法、俄、葡、西等国客户的需要。

六是提升员工技能，巩固业务知识。第一营业部一直鼓励员工获取各种职业资格，共有员工101人，共累计取得254项行内外从业人员资格，理财人员获得23项行内外各类理财资格。持续组织员工学习和培训厅堂一体化坐销技能、银行专业英语、金融专业知识和手语等。通过年度、季度、月度员工业务技能评比和竞赛，不断提高员工综合素质。

七是主动践行社会责任，体现银行业正能量。第一营业部结合对外服务特色，主动深入外籍人士聚集区，为在外滩工作的外籍友人进行反假货币宣传活动，全力向反假货币意识薄弱的外籍人士宣传人民币防伪知识与假币辨识技能，防止外籍人士因假币受到经济损失。营业部也为残障人士业务办理充分提供便利。升级点验钞机，使其具有播报功能，以方便视力不佳人士；利用晨会时间全员学习银行业务的基本手语，以方便聋哑人士。

宏观层面，营业部落实国家产业政策，积极支持绿色信贷、节能环保、小微企业、涉农项目、科技创新型企业、养老金发放、个人助业、个人助学或保障房等项目。第一营业部积极支持环境保护事业，以绿色运营的实际行动降低自身对环境资源的影响，通过开辟专栏以及服务资料电子化等不同形式，宣传低碳、环保、节能等生活常识。

八是注重服务文化培育，软硬件同升级、同发展。第一营业部始终坚持以顾客为中心，聚焦全面的客户体验，在此基础上，大力培育自身服务文化，以"心"服务、"馨"体验为基础、内化6S管理要求，从而形成统一的具有第一营业部特色的服务文化理念，使员工熟知、自觉践行并向客户宣导本行服务理念。

经典案例 "坐商"变"行商"的魅力

2013年9月的某一天，我到贵阳公干，建设银行贵阳河滨支行行长得知我到贵阳出差，便托人捎话请我去该支行营业室指导网点服务工作。

我说抱歉，时间紧，抽不开身，等以后有时间再去。支行同志一会儿又捎话过来说一定要我去看看他们的网点服务工作。一般情况下，人们不欢迎检查，可河滨支行反复要求接受检查，直觉告诉我，支行一定有什么好成绩、好经验要"秀"给我看。恭敬不如从命。我知道这是一家中国银行业"百佳"单位，于是我便带着同事利用中午午休时间去了河滨支行营业室。营业室各种报表一应俱全、摆放整齐。首先映入眼帘的是支行情况介绍中的一串数据：截至2013年8月末，各项存款新增计划完成率达161%，公司有效客户净新增计划完成率496%，个人有效客户净新增计划完成率309%，金融IC卡新增发卡量计划完成率349%。连续六年实现对公贷款"零不良"，人均税前利润超过1 000万元，业务发展位居全省前列。尤其人均创利数据最耀眼，我以为自己看错小数点了，便问数据小数点是否打错了或是货币单位"千元"写成了"万元"？支行行长告诉我没有的事儿，还说我挺幽默。于是，我便请他们把营业室近三年的损益表取来，一看果真不假，支行近两年人均利润都过1 000万元。服务创造价值，人均创利1 000万元以上堪称服务创造神话，建设银行河滨支行的这个神话是怎样创造出来的？这个问题引起我的浓厚兴趣。

在交流中得知，建设银行河滨支行的"河滨理念"令人振奋：

服务理念："客户至上、服务至善"、"以心相交、成其久远"。即坚持"以客户为中心"，从客户利益出发，实现与客户同发展，与社会共繁荣的目标。

拼搏精神：早、快、稳、拼。"早"：最早谋划、最早部署、最早落实；"快"：快速行动、捕捉商机、快速见效；"稳"：稳健经营、稳步发展、稳中求快；"拼"：拼出业绩、拼出精神、拼出人生、拼出人才。

人文观："心系建行、情驻河滨。"培育员工热爱本职，热爱建行，忠诚建行，奉献建行的爱行敬业精神，提升员工忠诚度。

经营观："做大做强，更应做壮做透。"不仅做大业务规模，更要加快结构调整，实现业务可持续发展。

领导观："用心谋发展，用劲拼市场，用力抓管理，用情带队伍。"要求河滨支行领导班子始终坚持"用心谋发展，用劲拼市场，用力抓管理，用情带队伍，以实现业务发展最好最快、管理最精细、服务最优质、员工队伍素质显著提升"的目标，达到"抓班子、带队伍、促发展"的最好成效。

风险观：风险防范、案件防控"三防"："时时防、事事防、人人防。"要求在任何时候，在每位员工处理每笔业务时，都必须时刻牢记合规经营，杜绝风险隐患。

管理理念：资源整合横向到边，经营管理纵向到底。资源整合横向到边：做好公私联动、个贷与个金联动，前台与后台联动等各部门之间联动，充分用好各项业务资源。经营管理纵向到底：不仅确保业务发展不留"短板"，而且做到内控管理不留"死角"，风险防范不留"真空"的最好经营运转机制。要求所辖各级负责人：应为成功多拼搏，不为失败找理由。不仅管好事事，更要时时在管；不仅管好人人，更要人人来管。是业务发展领头羊，更是风险防范责任人，强调大局意识、服务意识、责任意识、进取意识。

支行抓服务工作的具体做法：

一是实行"一把手"挂帅。从省行到支行服务工作实行"一把手"挂帅，副职主抓，职能部门具体抓，相关部门协同配合抓，让理念、政策、措施落地生根。

二是推行"四个一"：一肩双挑，履行职责，用心谋划发展，"一天都不松"；捕捉商机，公平竞争，用力拼市场，"一刻都不等"；人人行动，时时进展，全员参与，"一人都不闲"；公司、个人、资金结算业务、基金、贵金属、保险、理财等业务"一项都不短"。

三是公私联动"五走进"。即走进公司、走进个人、走进社区、走进楼盘、走进机关院校。对公对私一盘棋，实现优质客户资源共享和深度挖掘服务。如2013年7月国务院发布《关于加快棚户区改造工作的意见》，要求2013年至2017年完成各类棚户区改造1 000万户。其中就有贵阳花果园棚户区改造项目，该项目建设10万套住宅，容纳40万人，规模庞大。

其房地产开发贷款、个人按揭贷款、代发安置资金、代发工资等业务需求很大。对此，支行通过"五走进"，采取公私联动，走进楼盘，上门服务赢得了该项目。通过现场办理开户业务、电子银行签约、现场理财咨询等，拓展客户资源。在为棚户区改造提供优质高效服务同时，为自身创造了巨大的经济价值。"五走进"变"坐商"为"行商"，把银行柜台服务延伸到客户中间去了。

四是关爱激励抓管理。坚持用目标激励员工、用行动引领员工、用沟通凝聚员工、用真诚关心员工。将业务发展、优质服务与关爱员工落实到行动上、落实到团队凝聚力提升中。开展"一查二访三问四谈"、结对子、家访、慰问员工及家属、实行弹性排班、落实休假制度等，提升员工满意度和忠诚度。重视员工压力感受，鼓励员工"不当人口、成为人手、争当人才"，推进落实"新人导师辅导制"、"员工成才奖励方案"等，鼓励员工积极登录"员工之声"建议平台，为优化客户服务流程献计献策。

五是注重文明规范服务。根据中国银行业协会及建设银行"优质服务年"活动要求，拟定文明规范服务工作计划、明确文明服务管理职责、规范服务评比标准、建立客户满意度调查机制、按月进行服务检查通报，建立完善的客户处理规章制度和操作流程。关心爱护残障人士，加强无障碍建设。开展识别假币、电子银行、银行卡等金融产品知识宣传推广。开展社会公众《金融消费者问卷调查》和服务评价活动。全员参与消费者权益保护工作，力争每一名员工都成为公众教育"宣传员"。

六是建立投诉处理机制和服务责任追究制度。根据《投诉应急预案》，建立《客户投诉处理机制》、《网点现场服务补救流程》，保障客户的投诉及时、有效地得到解决。重视客户意见回复，建立客户满意度调查机制，近年来，营业室在总分行多次神秘人检查中服务评价得分名列前茅。

七是打造文明规范服务旗舰网点。以中国银行业协会文明规范服务示范单位创建标准为引领，持续改进服务，提升服务能力，深化服务品牌。通过经验辐射，人才培养，以点带面提高网点优质服务水平。为客户提供"专业专注"优质服务，并以实际行动履行建行社会责任。

八是开展银行卡安全支付保障工作。加强对特约商户和POS机具管理；严格准入条件，审查特约商户"三证一表"；加强防范银行卡违法犯罪活动的宣传，对辖内商户财务主管进行预防信用卡套现违法行为的专项培训。

九是强化岗位培训，全面提升从业人员素质。如定期举办互动式"服务礼仪训练营"，提升前台员工良好职业形象。

通过持续抓服务，2015年支行又取得了辉煌的佳绩，截至2015年末，对公存款完成全年的计划的1.6倍；贷款新增额位居贵州省建行第一；单位结算业务收入完成计划的2.5倍；新增单位结算账户完成全年计划的4.5倍；对公网络高级客户新增户数完成计划的2.7倍；对公网络一般客户新增户数完成计划的35倍；人均创利（税前）超过1 000万元。历年来，支行涌现出多名"劳动模范"、"服务明星"、"营销能手"。

第二节　服务为什么能创造价值

一、从服务—消费者保护—创造价值的逻辑关系分析

（一）做服务须保护消费者权益——创造价值的基石

银行业属服务行业，从营业网点到一家银行，乃至整个银行业所做的就一件事情：服务。要做好服务工作从哪里入手？是从包括批发业务和零售业务在内的消费者权益保护入手，这是最基本的要求。倘若消费者权益得不到保护，消费者权益不断受到侵害，服务工作是做不好的，更谈不上服务质量。只有消费者权益保护工作做好了，服务工作才具备了做好的基础。从下图便可看出，消费者权益保护是服务工作的内核，而这都需要脚踏实地从基础工作做起的。反过来，服务工作做好了，消费者权益保护工作就轻松了。服务做好了，就一定能够创造价值。服务创造价值，首先创造的是社会价值，即银行通过利用自己的服务渠道、服务手段、服务产品等服务各行各业，产生社会价值，推动经济社会向前发展。在此基础上才会持续创造银行的经济价值。只有创造的社会价值越大，银行自身的经济价值才越大，银行与企业、银行与客户唇齿相

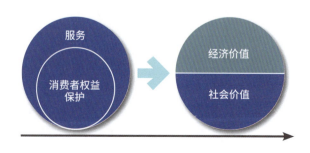

依正是这个道理。因此，产生银行经济价值的基础是社会价值。当然，银行经济价值大了，实力强了，反过来又能扶持企业（客户）创造更多社会价值。

（二）服务创造价值，境界决定高度

服务能创造多高的价值是由服务思想和服务境界决定的，服务创造价值的高低与服务思想境界高低成正比，即有多高的服务思想境界就能创造多高的价值。服务工作思想境界分为三个阶段：他律—自律—自觉（见下图）。

服务境界三个阶段

若每一项服务工作须得他人或他机构要求才去做，非做不可的才去做，这还处于他律阶段。这个阶段的经济组织一般是在疲于完成任务或指标，而且还时常完不成任务。

在他律的基础上能主动思考，倾听客户，改进工作，创新产品，拓宽渠道，优化流程，则便步入了自律阶段。这个阶段的经济组织一般能超额完成任务指标，产生超额利润。

在自律基础上，把"以客户为中心"的理念落地生根，体现在制度上、流程上、产品上、渠道上、行动上，真正做到"以客户为中心"，想客户所想、急客户所急、帮客户所帮，把客户当亲人朋友。先客户之忧而忧，后客户之乐而乐。这便上升到了最高阶段——自觉阶段。对此阶段的经济组织来讲，盈利只是结果，是顺便的事。

一次，本人乘坐加拿大航班去加拿大帝国银行（CIBC）参加培训。在飞机平稳飞行后，空乘人员便开始了空勤服务。这时我注意到空乘人员不都是年轻人，其中一位白发白须的长者手托一盘美味点心，慈祥的面庞满带微笑，仔细、耐心地询问乘客：

"这是本公司推出的新款点心，味道可口，先生要尝一块吗？"仔细端详这位空乘先生，虽然须发皆白，却手脚灵便，职业装穿戴一丝不苟，精神饱满，富有激情，不由心生敬意。这位空乘先生走到我跟前，我自然是要尝上一块点心。这位空勤先生十分高兴，真诚感人地对我说了一句："Thank you very much！"接着又去照顾别的旅客了。我正想向人进一步了解加航服务时，却意外遇上多年不见的大学同学，他也在此航班上做空勤，真是无巧不成书，原来我这位同学已移民加拿大。我在感叹、敬佩刚才那位空勤先生的同时，又担心他年岁高还如此辛劳。同学却告诉我，我的担心是多余的。他说：加拿大的社会保障体系很健全，像刚才那位空勤先生是不缺吃、不缺穿的，他年长还做空勤，是在追求人生价值，是想从服务他人中寻找快乐。他现在健康没问题，又愿意做空勤，你如果去告诉他让他回家休息不干了，他会向法院起诉你，告你剥夺他为别人服务的权利。这样的思想境界怎么不让人折服？用这样的思想和激情做服务，又岂能做不好？上述这个场景发生在东经151.15度，北纬58.5度，高度10 000米，俄罗斯西伯利亚上空。航班机长专门给我签名留念（见右图）：

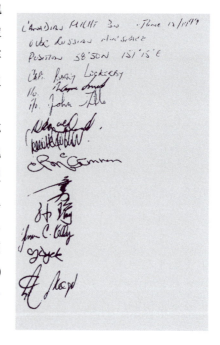

二、从服务与银行核心竞争力关系分析

银行核心竞争力的解释有多种，但银行核心竞争力的一个核心要素是有一个稳定且不断扩大的客户群体。要想使客户群体稳定，并不断扩大，靠什么？靠服务，只有靠文明规范优质服务。如果服务不好，老客户流失，新客户不来，业务不断萎缩，何来核心竞争力？因此，紧跟市场、紧跟客户、紧跟时代的文明规范而又富有特色的人性化、个性化的服务，就是银行核心竞争力的源泉，是带来客源、带来业务、带来效益的不竭动

核心要素：
稳定且不断扩大的客户群体

银行的核心竞争力

力。一位大行董事长这样说道："客户是银行的核心，有了客户才有银行的一切。""客户就是银行的核心竞争力。"为此，工商银行高层领导于2013年末明确提出，全行大抓服务，从服务入手，力争用三年时间全面提升营业网点竞争力。

一家国际咨询机构"360度银行评测银率网"曾对中国金融消费者更换自己经常使用的银行的原因进行过市场调查，排第一位的因素就是：服务水平低，服务质量下降。

三、从"服务—利润链"关系分析

我接触到许多有着骄人业绩的银行行长，在和他们的交谈中得知，他们很少花时间去制定利润目标或关注市场份额。相反，他们很关注一线员工和顾客，认为这才是管理的核心内容。银行的最高境界是为客户服务，利润只是服务的附产品。即服务做好了自然有效益，服务做不好自然无效益。在此不妨借鉴哈佛商学院的教研成果"服务—利润链"，该图提示了服务与利润之间的直接关系。"服务—利润链"把服务创造价值分成了具有内在严密关系的七步（见下图）。

第一步，内部服务质量提高。这里有五个因素：一是"工作场所设计"，指网点的物理环境、硬件设施和服务渠道对外要能满足客户需求，对内能满足员工工作的需要。二是"工作设计"，指服务功能、服务流

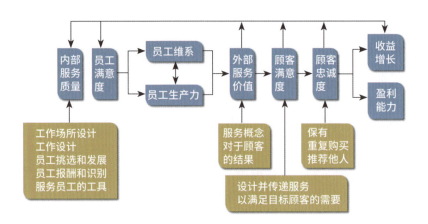

服务—利润链关系图

程和信息管理等要设计科学合理、高效便捷；大堂管理与柜面服务井井有条、体验良好。三是"员工挑选和发展"，指员工录用、员工管理、员工职业生涯设计和员工成长要给人以鼓舞与希望。包括新知识、新技能的学习培训，使员工的工作能力得到不断提升。四是"员工报酬和识别"，是指薪酬激励与员工考核要公平合理，及时兑现，奖惩到位；多用正激励，积累正能量，少用负激励。同时银行也要为员工提供和营造团结合作、相互补台的氛围，建立良好企业文化和团队精神。五是"服务员工的工具"，指给员工配备的工作设备要先进、方便、好用，尤其要用上现代科技产品。例如，有的网点就给每位大堂经理人手配备一台iPad，当客户一走进营业大厅刷卡，大堂经理便能及时识别客户，准确称谓客户，提供亲切贴心的服务。

第二步，员工满意度上升。内部服务质量提高了，员工对于他的工作、同事和营业网点的感受就好，员工满意度自然会上升。

第三步，员工生产力迸发。一方面，员工满意度提高，就会促进忠诚度提高，员工跳槽率下降，公司盈利能力上升。一般的，在计算员工跳槽带来的损失时往往只计算重新招聘、雇用、培训等所产生的费用，其实员工跳槽真正的成本是由此而产生的生产力下降和客户满意度的下降。另一方面，由于员工满意度上升，员工会从内心深处激发出工作热情，产生高昂的士气和创造强大的生产力。此时员工维系工作自然不成问题。

第四步，产生外部服务价值。即为客户创造价值。员工满意度和积极性提高，必然充满激情地做好服务，待客户如亲人。除了能为客户办理好日常业务外，还能想客户所想，帮客户所帮，为客户提供优质高效服务，积极、主动地为客户创造价值，正如前面所讲银行员工主动帮助客户、为客户提供增值服务一样。包括为客户资产保值增值或归避化解风险、客户的业务得到快速办理、客户着急想办的事情能帮其办成、助推客户成长等案例中，客户的体验自然很好，客户对员工的服务自然满意。

第五步，客户满意度上升。即客户在银行获得了优质高效的服务，感受良好，满意度自然上升。同时，由于客户满意度与员工跳槽率成反比，由前面第三步所讲员工跳槽率下降，自然也会从另外一个角度促进客户满意度上升。

第六步，一个满意的客户是忠诚的，客户满意度上升必然使忠诚度上升。客户忠诚度上升将会带来三个效应：一是"保有"，即对一家银行网点不离不弃，即便网点搬家了，顾客即使需要多走一些路也不转户。二是"重复购买"，即客户反复购买和使用这家银行网点的产品与服务。三是推荐家人、亲戚、朋友和同事购买。

第七步，结果自然是银行网点的客户人数增加，业务量增长，业务范围扩大，收益增长和盈利能力增强。

哈佛教授们在美国做过调研：一个比萨饼的忠实顾客一生能给比萨公司带来的营业收入可达8 000美元（一般而言，其价格每张饼几美元至几十美元不等）。

又如，出行选择航班问题。出行选择哪一家航空公司的航班？一般考虑有四个维度：一是安全，二是准点率（尽管准点与否并不一定是航空公司的原因），三是空中服务，四是售后服务。综合而言，我认为中国国航很好，我出行乘飞机将国航作为首选。如果时间不合适，我再选择其他航空公司。我由于"重复购买"国航航班，不断累积航段，现已自然升级为金卡会员。不仅如此，不管是因公出行还是因私出行，但凡与我同行的人，我都推荐其购买国航航班机票。从我第一次购买国航航班机票到现在，我已经为国航创造了不少价值。

因此，顾客满意度推动忠诚度，而忠诚度又是决定企业获得长期稳定利润的关键因素。满意度与忠诚度之间有着密切的内在关系，参见下图：

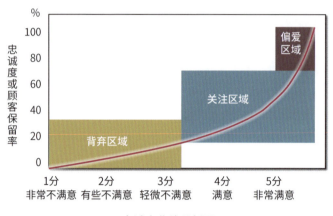

忠诚度曲线分析图

哈佛教授把满意度分为五个等分：1分为"非常不满意"，5分为"非常满意"。客户满意度在3.5分以下所对应的客户忠诚度不到40%，这个区间的客户基本会选择背弃，而往往公司对许多客户的离去原因并不知晓。3.5分至5分之间所对应的客户忠诚度接近80%，此区间的客户处于"关注"状态，即相对稳定，亦留亦走亦来。5分所对应的忠诚度就高了，此区域的客户基本都是公司产品与服务的"信徒"或"粉丝"了。事实上，给服务打4分的客户与打5分的客户的忠诚度差异都很大。哈佛教授们发现给服务打5分的客户"重复购买"服务与产品的可能性要比仅打4分的客户高出6倍。忠诚度每增加5%，利润增加25%至85%。换言之，客户对服务的总体满意度每提高1分，利润将增加1倍至3.4倍。因此，美国、加拿大、英国的商业银行、航空公司、电讯公司等对客户满意度十分关注，经常开展客户满意度调查，甚至一款新产品问世后紧跟着就做客户满意度调查。以期改进服务，提升客户满意度。

四、从消费倾向与服务品牌引领分析

服务业已成为新常态下中国经济增长的新动力。2015年3月，十二

届全国人大四次会议审议通过的《政府工作报告》显示，2015年国内生产总值67.7万亿元，比上年增长6.9%。结构调整有了积极进展，"服务业在国内生产总值中的比重上升到50.5%，首次占据'半壁江山'。消费对经济增长的贡献达66.4%。"这标志着中国经济正式迈入由服务业主导的"服务—消费"时代。

"服务—消费"快速发展产生了银行庞大的客户群体和支付数据。《2015年第三季度支付体系运行总体情况》显示，截至2015年第三季度末，全国银行卡在用发卡数量为52.52亿张，同比增长10.66%，环比增长4.37%。其中，借记卡在用发卡数量为48.03亿张，同比增长11.42%，环比增长4.43%；信用卡和借贷合一卡在用发卡数量共计4.49亿张，环比增长3.74%。全国人均持有银行卡3.85张。银行卡跨行消费业务644.76亿笔，金额为11.01万亿元，分别占银行卡消费业务量的58.80%和77.21%。银行卡人均消费金额达10 470.02元，同比增长31.25%。全国共开立人民币银行结算账户71.45亿户，环比增长3.22%，增速较上个季度上升0.07个百分点。其中，单位银行结算账户数量小幅稳步增长。全国共开立单位银行结算账户4 333.53万户，占银行结算账户的0.61%；环比增长2.71%。个人银行结算账户数量持续平稳增长。全国共开立个人银行结算账户71.01亿户，占银行结算账户的99.39%，环比增长3.23%，增速较上个季度加快0.08个百分点。不管是个人客户还是企业客户，其在经济社会中都必须进行金融消费，并且在互联网时代消费信息对称，不管是正面还是负面，消费者都极易形成"羊群效应"，即一种从众心理作用下的消费行为。若是正面引领则形成潮流追逐品牌。品牌的引领作用就尤显重要（见右图）。

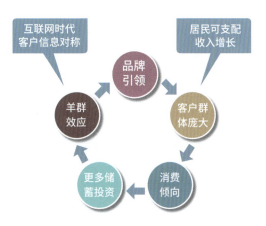

近年来，我国居民人均可支配收入增长率持续保持在8%左右，2015年居民人均可支配收入总额已达28.16万亿元，新

增4万多亿元。如果与GDP相比，已占到41.60%。如此巨大的可支配资金，按照消费倾向理论，自然更多地用于投资理财、储蓄等，投资理财与储蓄需求十分庞大。这充分证明中国金融市场不缺客户。何以持续招揽客户？品牌，只有品牌才能带来正面的"羊群效应"。

银率网近年来对"银行品牌形象"受消费者关注程度进行了测评。2015年"银行品牌形象"受关注程度为54.34%，比2014年的42.66%上升了11.68个百分点（见下图）：

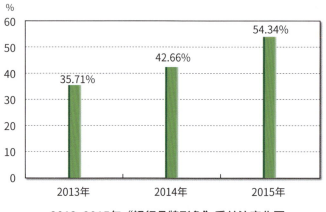

2013~2015年"银行品牌形象"受关注变化图

这说明银行在客户心目中的整体品牌形象成为了客户选择不同银行开户的重要因素。可见打造品牌网点乃至品牌银行对吸引客户、赢得市场是何等重要！各大行都明确提出并制定服务品牌发展战略，虽各有特色，但其宗旨都一样，即以服务树品牌，以品牌促发展，以发展出效益。而品牌的锻造和形成却不是一朝一夕就能完成的，需要持之以恒，只有持续为客户提供文明规范优质服务才能逐渐培养和树立起来。

目前中国银行业"百佳"单位和中国银行业"千佳"单位，以及五星级、四星级、三星级等星级银行网点已成为行业中的金字招牌与金灿灿的品牌。2013年和2015年各诞生100个中国银行业"百佳"单位，目前在有效期内的中国银行业"百佳"单位有200个，中国银行业"千佳"单位1 000个。2014年和2015年两年共诞生了文明规范服务五星级网点2 328个；2015年首次诞生了四星级网点1 208个和三星级网点1 287个。这些品牌网点是银行业22万个网点中的佼佼者，它们为社会创造了价值，为行业和所在行树立了品牌形象，赢得了客户的赞誉。同时也为自身发展创造了持续的经济价值。这种"羊群效应"和正能量的积聚，必将牵引22万个银行网点奋发向上，不断改进服务。这就是品牌的威力与价值。

五、从服务与营销关系分析

在这里我提个问题：服务的目的是什么？只要弄清楚了这个问题，服务创造价值就不难理解了。这个问题的答案很简单：做好服务是为了赢得客户，赢得业务，赢得市场。从这个角度讲，做好服务难道不是在做营销吗？反过来，我们的员工去营销客户离得开服务吗？营销客户必然是用服务品牌、服务品质、服务产品、服务渠道、服务效率、服务体验、服务技术等。离开了这些东西，难道还能用空气去向客户做营销吗？当然如果空气污染短期内解决不了的话，也许未来某一天清新的空气也会成为服务产品。

服务与营销的关系就像一枚钢镚的两面，当抓服务的时候营销也被拿起来了，当抓营销的时候服务又被拿起来了。若把服务与营销分开，当作不同的两项工作去做，不但服务做不好，营销也难做好。就像把一枚钢镚劈成两半，任何半个钢镚都无法再使用一样。因此说，服务与营销互相依存、形影不离（见下图）：

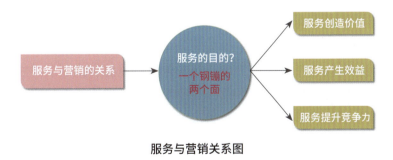

服务与营销关系图

有的网点负责人告诉我，这两年抓服务工作，结果大见成效，全行各项经营指标都顺利完成了，队伍好带了，员工工作更有激情了。他问我这是为什么？我告诉他："那是因为您在抓服务的同时，营销工作也被您带动了。"

建设银行贵阳河滨支行"五走进"（见下左图），把银行柜台和服务延伸到了企业和客户市场，难道仅仅是服务，没有做营销？或者说只是做营销，而没做服务。许多网点通过努力，创建服务品牌成功之后，又用服务品牌去做营销。如中国工商银行、招商银行、浦发银行、中国光大银行、北京银行等不少中国银行业"百佳"单位、中国银行业"千佳"单位的员工名片上都印上"中国银行业'百佳'单位"、"中国银行业'千佳'单位"字样，用"百佳"、"千佳"服务品牌又去做市场营销（见下右图）。

河滨支行"五走进"

中国银行业百佳（或千佳）单位

中国银行业"百佳"单位、
中国银行业"千佳"单位名片式样

这方面不乏经典成功案例。如光大银行重庆分行一家中国银行业"百佳"单位在与香港一集团客户洽谈一大项目合作事宜时，港商特别关心合作方在行业中的地位和影响力（港商一般在合作项目中特别看重对方的资质）。在光大银行重庆分行介绍自己服务如何好，品质如何优后，港商问何以见得？光大银行重庆分行便详细介绍了自己刚成功创建成了中国银行业"百佳"单位，并把中国银行业协会编制的《中国银行业"百佳"单位资料集》中本单位的图片展示给港商（因当时中国银行业"百佳"单位牌匾还在途中，尚未寄达），港商高兴地与其签订了项目合作协议。又如，两年前成都修建地铁，施工方招标的一个内容是银行金融服务，不少银行前去投标，为了表明服务好，纷纷展示各自获得的各种社会荣誉，中国银行四川省分行营业部独具匠心，将中国银行业"千佳"单位牌匾展示给招标方。此块牌匾与众不同的地方是在牌匾上有中国银行业协会的服务监督电话，这引起了招标方的关注与兴趣。经过深入了解与洽谈，最终把这个项目给了中国银行四川省分行营业部。

服务是营销——服务营销发展历程

服务是营销，即服务营销，对该理论的认知度与认可度，是随着市场化程度加深而加深并在实践中反复检验逐渐成熟的，伴随经济发展的不同阶段而呈现出不同的阶段特征。

一、服务营销在发达市场经济中的诞生与发展

国际上服务营销理论的形成经历了三个阶段（见下表）：

国际上关于服务营销的研究分三个阶段

阶段	作者	观点	时间	备注
起步阶段（20世纪50年代~70年代）	约翰·贝特森	我们是否需要服务营销	1968年	20世纪40年代中期一些国家经济已经由产品经济时期过渡到了服务经济时期
	克里斯托弗·洛夫洛克	在服务行业里挖掘提高生产力的营销潜能	1968年	
	花旗银行副总裁林恩·肖斯塔克	从产品营销中解放出来	20世纪70年代末	强化和加深了人们对服务营销的理解
探索阶段（20世纪80年代）	所罗门	二元互动的角色理论总览：服务接触	1985年	店主与顾客互动——满意度
	克里斯托弗·洛夫洛克	《服务营销》	1984年	服务营销占据主导地位
成熟阶段（20世纪90年代至今）	约翰·贝特森	《管理服务营销》	1992年	服务营销理论进入成熟期

20世纪40年代前，世界经济基本尚处在产品经济时代，这个时代流行的是市场营销学，其早期关注的是农产品的销售，后来扩大到有形商品的市场营销。企业（公司）的主要职能是销售商品，银行、会计、保险以及运输都仅仅是生产和销售商品的工具。市场营销被视为真理而占据了理论界的统治地位。然而，在40年代中期，一些国家经济已经由产品经济时期过渡到了服务经济时期。随着"二战"的结束，航空业由军

用转向了民用，民用航空服务开始在各国兴起，同时交通运输、通讯、旅游、银行、保险、租赁、证券等服务行业迅速掘起。从50年代起，便有专家、学者开始研究服务营销，并发表了一系列论文与著作。70年代，花旗银行副总裁林恩·肖斯塔克提出了"从产品营销中解放出来"，强化和加深了人们对服务营销的理解。至此，服务营销从萌芽到诞生，已经完成了第一阶段。

进入20世纪80年代，以克里斯托弗·洛夫洛克出版的代表著作《服务营销》为标志，市场进入了第二阶段：服务营销唱主角。从90年代至今，服务营销进入成熟期。代表作有所罗门所著的《二元互动的角色理论总览：服务接触》、克里斯托弗·洛夫洛克所著的《服务营销》，其中后者经修订后再版。

二、中国银行业服务营销的形成

中国银行业服务营销的形成伴随着银行改革的发展大致分为四个阶段（见下表）。

中国银行业服务营销形成的四个阶段

时期	银行性质	服务意识状况	标志性事件
第一阶段 （20世纪80年代）	国家机关向国家专业银行转轨	市场营销占据主导服务意识还在培育中	1984年，人行、工行两行分家
第二阶段 （20世纪90年代）	国家专业银行向国有商业银行转轨	服务意识的形成	1995年颁布《中华人民共和国商业银行法》
第三阶段 （21世纪前10年）	商业银行变成上市公司	掀起服务与营销热，但服务与营销关系不清	银行纷纷股改上市
第四阶段 （2008年至今）	银行业创建文明规范服务品牌	服务是营销服务是系统工程	百千佳创建与行业星级网点评定的全面展开

第一个阶段，20世纪80年代，银行由国家机关向国家专业银行转轨，人民银行与工商银行分设，人民银行专司中央银行职能，工、农、中、建四大行专司国家专业银行职能。此时的银行只强调经营管理与市场营销。由于历史的原因，企业资金尚属供给制，银行处于卖方市场。商业银行只需要立足于自身的生产能力向社会供给产品，无须考虑消费

者需求。在这样的经营环境里，商业银行为了获取更多利润，更多的是想方设法地提高生产率，创造购买便利条件，提高产品质量，丰富产品功能，突出产品特色和刺激购买等。服务意识还在培育之中。

第二个阶段，20世纪90年代国家专业银行向国有商业银行转轨，标志性事件是1995年颁布了《中华人民共和国商业银行法》。工、农、中、建四大国家专业银行向国有商业银行转轨，正式以法律的形式确定了我国商业银行的地位。此时，服务理念与服务意识才在全行业逐渐形成。

第三个阶段，21世纪前10年，商业银行纷纷实施股份制改革，并分别在上海证券交易所和深圳证券交易所挂牌上市，全行业掀起了服务热潮。商业银行服务意识得到进一步强化。不过，这时所推的服务基本限于零售业务，且服务与营销的关系尚不清晰，二者也未融合在一起。做营销的是一个团队，做服务的是一个团队。服务与营销往往被割裂开了。

第四个阶段，2008年（2006年起步），中国银行业协会正式提出文明规范服务"千佳"示范单位品牌建设的概念，并引领各行"以客户为中心"，把服务与营销整合起来，把服务作为系统工程来做；并出台了《中国银行业文明规范服务考核评价体系（CBSS 1000）》，此后又升级为《中国银行业文明规范服务考核评价体系（CBSS 1000 2.0）》，把批发与零售、前厅与后台、线下与线上一同纳入考核评价体系，全方位地考量服务营销。这得到了全行业的高度认可与拥戴。服务即营销、营销即服务的理念全面树立，并得到广泛推行。

与此同时，以"客户为中心"的服务营销理念，是商业银行对产品观念、推销观念的升华，是商业银行适应经营环境变化的必然选择。"以客户为中心"的服务营销理念的产生和发展，推动了商业银行进行一系列变革：确立客户的中心地位，重新构建银行与客户之间的平等合作关系；围绕满足客户需求配置资源，再造服务流程，拓宽服务渠道，重视客户消费体验等。

第四节　服务是哲学

"哲学是明白学、智慧学，学懂了哲学，脑子就灵，眼睛就亮，办法就多。"（引自李瑞环的《学哲学　用哲学》）"哲"者聪慧也，做服务需要发挥聪明才智。哲学本是中世纪从宗教的因果轮回说逐渐演变独立出来的学科，要想真正把服务做好、做强，做到银行与客户双赢，甚至多赢，学好用好哲学、把辩证法用到服务中来十分有益。与其说服务需要哲学思想，倒不如说服务本身就是哲学。一个简单的问题：出资人办实体为了什么？汇金公司投资银行又为了什么？银

行要生存靠什么？答案是收益。收益从哪里来？答案是客户（见上图）。

所以，一切工作都得围绕"以客户为中心"去展开。在客户身上的投入要舍得，有舍才有得；不舍就不得，叫舍不得。

一、"付出—收益—再付出—再收益"之间的辩证关系

不管什么经济体或经济组织，要想有产出，必先有投入，正所谓投入产出。银行与企业之间，银行与客户之间存在同样的辩证关系。二者须双赢或多赢方可持续。银行对客户的付出可分为"直接"和"间接"两种，其中"直接"表现为给企业或个人减费让利；"间接"表现在银行为使客户体验良好，而在硬件和软件以及科技方面的投入。如前所述，客户满意度上升带来忠诚度上升，忠诚度上升将直接带来收益增长（见下图）：

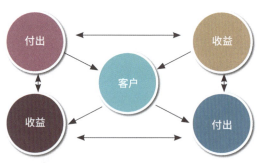

付出—收益—再付出—再收益之间的辩证关系

反过来，如果不付出，而只是想从客户身上赚足每一分钱，结果弄不好可能一分钱都赚不到。服务引领移动能源变革的中国内地首富——汉能控股集团董事局主席李河君先生（2015年胡润全球富豪榜以1 600亿元人民币位居榜首）一次在回答记者提问时说："帮助他人比当首富更有意义。""经常有人问我怎么才能挣大钱？我挣大钱的诀窍就是为理想而干，为梦想而干。当你为理想、梦想而干的时候，你坚韧不拔努力的时候，你就会走运，顺便赚钱。如果就只盯着挣钱，是没有人能做成的。"

2003年淘宝网刚创办的时候，马云就放话：淘宝网给大家免费使用三年，并曾呼吁易趣网一起免费，被拒绝，不少人还嘲笑他疯了。三年下来，淘宝网的确需要投入很多人力、物力、财力，要烧掉很多钱，但结果大大出乎人们意料：2004年易趣注册用户约为950万个，淘宝网的注册用户约为400万个。2005年末，淘宝网的用户就超过了1 390万个，总交易额达30.3亿元，一举成为国内成交额最大的网上拍卖市场。这叫大舍大得。马云讲"帮客户赚到钱，你就能赚到更多的钱"。用他的话讲，如果一个人脑子里只想赚钱，利益心太重，很难有人真心与你同甘共苦，也很难有员工一心一意追随你，因为他们担心你见利忘义，失利撒腿。"做生意要赚钱，但功利心越强越难赚到钱。相反，那些总是考虑如何为客户创造价值的人，反而能让钱不请自来。"李嘉诚曾说："要舍得让利，使对方得利，对方无利，自己就无利。"这些巨匠们做生意、做服务时真是把辩证法用到了极致。

二、星云大师谈服务哲学

2013年10月19日，星云大师来到北京，本人有幸零距离聆听了星云大师讲座，大师还亲自赠送我一套专著《百年佛缘》，共6册。我向大师请教关于银行服务与财富管理的问题，大师讲了三句话，第一句"人生最美、最幸福的事是心中有一盏明灯：爱"。我悟了一会，理解大师的意思是，做服务要有大爱，要把客户放在心中，关注、关爱、关心，我们才能真正把客户的财富管理好。

第二句"懂得利益别人的人便是懂得人生的圣者"。用梵界的话讲，

要行善积德，普渡众生。用政府的话讲要为人民服务。用在银行服务工作中，就是要求我们"以客户为中心"，一切为了客户，一切方便客户，为客户创造价值。这样才能得到更高层级比金钱还重要的东西：客户认可。每一位认可的客户都有可能带来至少200个以上的潜在客户。客户数量增加了，市场扩大了，效益还发愁吗？

第三句"服务奉献中成就他人，努力工作中实现自我"。在服务客户，成就客户中实现银行和个人的价值。

2014年11月3日，我有幸参加了中国建设银行总行机关举办的"心有大爱铸忠诚"李红英先进事迹报告会。李红英是建设银行山西省临汾分行个人金融部六级客户经理，入行26年间，她始终怀着满腔热情，心有大爱，真诚服务，感动客户。特别是她的丈夫脑溢血住院四年来，她奔波于单位、医院之间，不离不弃精心照料丈夫，为给丈夫治病甚至卖掉了仅有的住房。面临不幸的生活遭遇和沉重的家庭负担，她选择坚守，自立自强，兢兢业业，精益求精。翻开客户意见簿，尽是客户对她的表扬与夸赞。她在技能比武中名列前茅，在业务营销中取得佳绩，多次获得上级表彰和奖励，并创造了没有过迟到、没有过早退、没有过差错、没有过投诉、没有向组织伸过手"五个没有"的工作业绩。一切为客户着想，把平凡的工作做到了极致。组织和同事们纷纷给她鼓励和关爱。最后，当李红英在报告现场掷地有声地讲出"我将用一生的努力去完成感恩"时，现场爆发出雷鸣般的掌声，久久不息。会后，总行董事长、行长都亲切接见她。人们要问，李红英工作在平凡而普通的岗位上，何以能做出如此感人的事迹？平凡中见精神，朴素中显伟大。李红英心中有一盏明灯：爱，这就是对家人的爱，对客户的爱，对同事的爱。她是懂得利益别人和懂得人生的圣者。她在服务奉献中成就了他人，在努力工作中实现了自我（下右图中右起第五位是李红英）。

三、民航的服务哲学

（一）一次愉快的换票体验

我出门乘坐飞机一般愿意选择国航，很少选择其他航空公司。一次出国学习因时间节点需要而选择了南航航班，因此积累了1万多公里的里

程。2015年我与家人拟去外地休假，我来到西单民航售票厅南航柜台，表示我要用里程为自己换一张机票，售票员很熟练地办好了机票并递给我。我说另外再买一张机票。此时，售票员热情

地告诉我：先生，您不如把换票给家人，自己买一张票。我问为什么？售票员说里程换票属奖励机票，不再累积里程，而我自己买票可继续累积里程，积累够了还可再换机票呀。我明白了，十分感动。便随口说了一句南航服务这么好呀。售票员紧接着说：是呀，南航服务就是好呀，欢迎您体验。说完迅速地给我重新办理了购票和换票。我心想：这才真正是"以客户为中心"，处处为客户着想。之后出行我便有意无意地选乘南航，久而久之已升级为南航银卡会员。

一般而言，售票员不给乘客提出优化建议，只要按乘客要求换票售票其实也无可厚非。如果这样，我可能换完票后就不会特别在意南航了。那么，南航所能赚到的就仅仅是市场的平均利润，事实上南航售票员做到了以"客户为中心"，为客户多提出了一个优化方案，创造了超额利润。这里面的哲学思想不言自明。

（二）温馨的空中服务

2015年3月3日，央视《焦点访谈》节目"关注航空服务，厦航服务细微之处见真诚"："今天我们要向大家介绍这样一支队伍，他们在要求严格、标准严苛的民航领域都堪称楷模。今天的航班是厦门经停沈阳、济南，然后再返回，今天飞机满员、儿童旅客也比较多，飞机起飞后六分钟开始进入巡航阶段，乘务员就要开始准备餐食，飞机上空间有限，这就要求乘务员做什么都要井井有条。很多平常人没注意到的细节，航空公司对乘务员都有要求，每次飞行时，为了避免因为颠簸致使饮料洒在乘客身上，乘务员们都会在手上垫上一条湿纸巾，再把饮料杯子递到旅客手里；为女士添加饮料时，乘务员要观察杯子是否沾到口红，以便及时更换；给旅客提供饮料加冰服务时，要避免冰勺直接接触杯口等。送完饮料之后，乘务员需要马上准备配餐。递餐盒时，开口必须朝向乘客，这样乘客就可以第一时间打开而不需要再调整餐盒方向；乘客用完餐之后，乘务员还需要把过道上的食物残渣清理干净。厦航还有一项特殊的规定，乘务员和乘客对话超过三句，就要蹲下来，因为旅客坐着比较矮，蹲下来显示一种尊重。因此每次要询问旅客餐点服务的反馈时，她们都要蹲着进行。这些细节决

定乘务员服务的品质。

根据民航方面的统计，从2012年至今，厦航在多个服务项目的旅客满意度评价中，持续占据行业首位，目前已经连续十个季度被评为服务最佳航空公司。截至目前，厦航累计安全飞行300万小时，在2007年至今的航空公司主营业务利润率排名中，厦航以7.8%位居第一。他们在坚守社会主义核心价值观中，既创造了品牌也创造了效益，成为了最会服务的公司，也成为最会赚钱的公司。"

这个案例给我们的启示：一是服务必须有标准，践行要规范。二是服务须时时处处为客户着想，方便客户，注重细节。三是平等相待，尊重客户，关注客户体验，讲求品质。四是文明规范、优质高效服务，努力践行社会主义核心价值观，坚守社会主义核心价值观既能创造品牌，又能创造价值。五是最会服务的公司，就是最会赚钱的公司，即服务创造价值，这句话画龙点睛。这里面的优质服务与创造价值之间的辩证思想值得思考。

四、航班延误　我们"赔"你等

一次，王先生乘坐飞机因天气原因航班延误两个多小时，心里一阵不爽。没想到飞机刚降落，就收到了招商银行商旅服务平台"出行易"发送的航班延误关怀金200元领取通知。王先生平时里没把200元放在心上，这时却一阵感动：招商银行处处想到客户，服务真贴心。原来他通过招商银行商旅服务平台"出行易""航班延误　我们'赔'你等"购买的机票，航班延误2小时以上，招商银行会自动打200元关怀金到客户卡上。"'赔'你等"服务关怀金无需申领、7个工作日内主动到账。目

前"出行易"服务后台能实时更新全国4 000多条航线每天航班的起降信息，准确判断航班延误状况，第一时间启动航延关怀金拨付流程，让关怀金及时到账。

招商银行三年前推出了此项业务，深受客户欢迎。由此也助推了信用卡业务的快速发展。2013年，信用卡累计发卡量一举突破5 000万张，一跃成为全行业前三甲。2014年信用卡累计发卡量再创新高，超过5 500万张，交易金额过万亿元人民币。2015年又新增信用卡发卡量600多万张。

没有魄力、没有辩证思想办不成这样的业务。招商银行所做的是回馈客户、关心客户、关注客户、关爱客户，而赢得的是客户与市场。

五、麦当劳的特许经营权加盟费

20世纪90年代初，北京第一家麦当劳落户在王府井大街时，许多人都对这家进口快餐感到好奇，排起了30多米的长队。此时麦当劳在美国境外分店仅3 300多家，年收入18亿美元。20年后，麦当劳在境外分店便达到32 000家,发展成为收入超100亿美元的快餐巨人，目前在中国的分店已达1 400多家。麦当劳何以能在全世界如此快速发展壮大？其发展战略与辩证思想发挥了关键作用。麦当劳在全球的分店中70%是特许经营的。这种方式下，加盟者需从销售收入中拿出5%支付特许经营加盟费和支付占销售收入8%的租金；另外，销售收入的4%要用于广告支出，这些加起来占销售收入的17%，83%的销售收入归加盟者所有。较低的加盟费使加盟者获益颇丰，愿意加盟的人很多。在12%的租金和广告费不变的情况下，麦当劳从每一个加盟者身上赚取了5%的加盟费，加盟者收入占83%。从多赚与少赚来分析，当只有1个人加盟时，麦当劳少赚，加盟者多赚了，但这样的机制使加盟者踊跃，当10人加盟进来时，麦当劳赚取的加盟费为50%，还是比单个加盟者少；可当100人加盟进来时，规模效应就出现了，麦当劳赚取的加盟费为500%！而每个加盟者个人仍然只有83%，这是让利少取而多收。反过来，若麦当劳想要从加盟者身上

赚足每一分钱，收取83%的加盟费，只给加盟者5%的收入，加上人力成本，加盟者无利可图，那样就没人愿意加盟了。在这里少会变多，多会变少，这就是辩证法的魅力。

六、有菜单无单价的餐馆

在伦敦富人区有一家餐馆有菜单但无单价，客人用完餐后自愿付费，付多付少都可以，服务员都是很有礼貌地送客人出门。结果，这家餐馆在当地同等规模的餐馆中最赚钱。原因是来这家餐馆用餐的客人都是当地富人，很讲绅士风度，明明只值200镑的消费却会支付300英镑或400英镑，以显示自己的身价和风度，不让人小瞧了。而且，一些客人往往在付完款后还要下意识地环顾一下四周再起身离开。

敢不敢开这样的餐馆，在什么地段开这样的餐馆，如何做好这样的餐馆服务，考验着一个人的哲学思维。

七、有形化无形，无形化有形

（一）商品变服务，有形化无形

价值的创造不但取决于是否能够很好地提供服务，而且还取决于是否能够创造新的服务。例如，一个汽车厂商如果只销售汽车，在汽车短缺时代尚可生存。但如今汽车已属买方市场，且汽车是有形的耐用商品，一般而言，消费者从购买到报废须经五年至十年，单靠销售汽车难

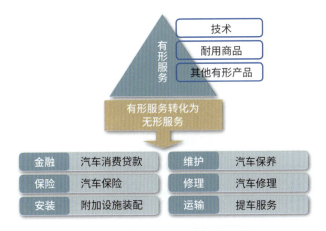

4S店有形化无形辩证关系图

以生存下去，必须通过汽车创造服务，有形化无形。如成立汽车金融公司帮助消费者提供汽车消费贷款、代理保险、汽车保养、汽车修理、汽车零配件销售、提车服务、救援服务等。这就创造了一个包括4S店在内的下游服务产业链。假如购买一辆汽车15万元，使用10年报废，或驾驶30万公里报废，整个使用过程中的配置购买、汽车保养、零件更换、汽车维修等服务花费也差不多到了购车价。另外，通过汽车消费贷款又可创造出汽车金融服务（见上图）。

（二）服务变商品，无形化有形

无形的服务也可变有形商品。例如，银行卡的信用额度属无形服务，我们可以将它"凝固"为有形商品服务。可以如此探讨，A客户持有一张信用卡，授信额度5万元。把信用额度创造成现金业务，A客户在信用卡开户行办了一张借记卡，银行把小于信用额度的金额如4万元汇入A客户借记卡上，以满足A客户急用。A客户可先付手续费，之后再通过信用卡分期归还这笔现金，这样一个新产品就创造出来了。而且银行风险可控，每月从A客户信用卡上扣回款项便是了，因款项是在信用额度之内也不存在扣款不成功的情况，扣款前再发送一条短信提醒。又如中国银行业"百佳"单位、中国银行业"千佳"单位创建经验十分珍贵，经验是以信息方式存在，我们便可将这些经验通过各种载体广为学习传播（见下图）。

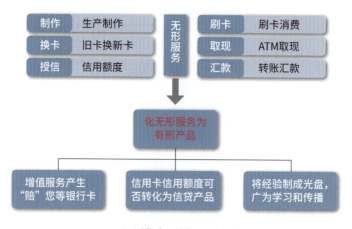

无形化有形辩证关系图

第五节　服务是艺术

艺术种类繁多，根据不同的标准，可划分成不同的类型。综合起来有视觉艺术、语言艺术、空间艺术、形象艺术、行为艺术、时空艺术、听觉艺术、视听艺术、动态艺术、静态艺术、实用艺术、造型艺术、表演艺术和综合艺术等。

一、视觉艺术

如前所讲，我一走进中国建设银行贵阳河滨支行营业室，一幅齐人高的服务明星海报展现在我眼前。我开玩笑地问："行长，你们还在大厅打电影海报广告吗？"（见右图）"哪里，这是我们的季度服务明星。"行长回答道。这给进入营业大厅的客户一个强烈的视觉冲击，觉得银行员工素质高、服务好、可信赖。对内是以好榜样树正能量，潜移默化地引导员工的服务意识与服务行为。

当我走进后台的员工文化区时，一眼便看见一整面文化墙，墙上端是各项指标柱状图，下端是两排完成服务任务的明星员工们的彩色艺术

照，明星员工造型各异，有正面摆造型的，也有侧面摆造型的。他们性格鲜明，朝气蓬勃，活力四射（见左图）。在内部文化建设上充分张扬个性，释放激情。

银行网点如何装饰得让人感觉好，给人视觉美，这要根据本行文化特色因地制宜地进

行。只要用心，每一个地方都可作艺术化处理，并收到良好效果。一次到北京银行双榆树支行办业务，走进营业大厅便看见大厅四个四方型承重大柱子上都悬挂着员工身着职业装的磨砂照片，照片上有员工的姓名和监督中心电话。当时给我的感觉是这个支行员工训练有素，服务文明规范，让人肃然起敬，说话的声音大了都不好意思，生怕显出自己不文明。这样的布置既激发了员工的服务热情，又起到了装饰效果（见左上图）；让员工除了有压力，更激发了其动力。

内蒙古银行包头分行营业厅又是这么展现员工形象的，每位员工照一张艺术照，旁边是员工介绍：姓名、工号、岗位、特长、工作理念（见左下图）。

而目前银行营业网点几乎都是把员工的一寸照片集中在一起贴在营业大厅半米见方的墙上，写上姓名、监督电话。员工感到的只有压力，没有动力。一次在中国银行业协会东方研修院举办的大堂经理培训班上，我问学员们喜欢哪一种方式张贴自己的相片，大堂经理们异口同声地喊出要前一种方式——磨砂相片。

网点内部员工关爱、企业文化等环节的布置，放手让员工自己动手效果可能更好。如员工更衣室就让员工按他们的喜欢布置好了。中国工商银行北京海淀区支行员工更衣室就是由员工布置的，男女更衣室通过色彩区别开来，员工找能代表自己形象和爱好的有个性卡通人物作为标识贴在门上，既美观，有特色，还体现了每个员工的特长（见下图）。

二、语言艺术

与客户交流自然离不开语言，除了文明用语，还应懂得沟通交流的技巧、说服人的能力，用好语言也是一门艺术。一般要求与客户交流语言要亲切、态度要真诚、自然大方。要懂得沟通技巧，积极主动、热情周到、文明规范、礼貌待客。用语言与客户交流时要注意以下几点：

一是称呼规范。在任何情况下，员工必须对服务对象运用恰当的称呼。单个客人称呼法。对男性客户称"先生"；对女性客户称"小姐"或"女士"，切勿称"大妈"或"夫人"。对少年儿童可以称"小弟弟"、"小妹妹"、"小朋友"。对长辈可称呼亲属称谓，如"叔叔"、"阿姨"、"奶奶"等，但这一定要判断很准方可如此称谓。知道客人的姓氏后，要在职衔、泛尊称等称谓前冠以姓氏，表示对客户的尊重，如"王经理"、"周校长"等。群体客人称呼法。面对不同身份、不同职业、不同年龄的客人群，切勿只对其中的几位有所青睐，而对另外的几位有所疏忽，要尽量全部照顾到，不能让客人感到厚此薄彼。切记不要读错客户姓名，不要称呼"师傅"、"伙计"、"哥们儿"、"姐们儿"、"死党"等。

二是语音规范。员工与境内客户首次交谈要用普通话。口齿要清楚、伶俐，不能含糊不清。声音不过高也不过低，以使对方既可以听得清楚，又感觉舒适悦耳为宜，使客户感到员工的谦逊、尊敬、文雅。与客户沟通时语速不过快也不过慢，必须保持适当而自然的语速，语速过慢或过快都有可能破坏交谈的氛围。交流时要对客户流露出和蔼可亲的感情色彩，力求做到诚恳、亲切、自然，让客人听在耳中，暖在心里，能够拉近与客户之间的感情距离。避免急躁、生硬和怠慢的语气。

三是内容规范。在与客户进行语言沟通时，要做到礼貌、准确、简练、恰当、委婉、机动灵活等。一般不要涉及疾病、死亡等事情，不谈一些荒诞离奇、耸人听闻的事情。不询问女性客户的年龄、婚姻、履历、工资收入、家庭财产、衣饰价格等私人生活问题。与女性客户谈话时不说对方长得胖、身体壮、保养得好之类的话；对方不愿回答的问题不要追问；问到对方反感的问题应表示歉意，或立即转移话题；交谈中不批评他人，不讥笑、讽刺他人，也不随便议论宗教等敏感问题。

要做到以上各点，需要发自内心的真诚，因为语言是心理活动的外在表现。真诚又来自心中时刻装有客户。若心中无客户，语言易伤人。

例如，一天，一位年近六旬的客户到网点柜台办理业务，等待时从柜台糖果盘里取了一块糖尝了尝，好吃，于是就把一盘糖果倒进自己包里。柜员立马说道：你这客户怎么这么不文明，把一盘糖果都拿走了，这又不是为你一个人准备的。客户感到很尴尬，回头一看众人都在看自己，感到脸面无处放。情绪就由尴尬转为愤怒，拍案而起喊道：你这个柜员，我问你，你们的糖是不是给客户准备的？你们明码标价了吗？一次只许拿一块？你让我老脸往哪里搁。柜员被问住了，回答不上来。客户进一步提出要求赔偿精神损失费。网点没按他要求做。他便找小报小刊以《六旬老人被银行欺负》为标题将此事公之于众。过了半年，网点受不了，网点负责人只好带上礼品登门道歉才算完事。

员工遇到这种情况，处理不同，分值不同。60分：心理不乐意，脸上有所表现，但始终没有说出来；因为毕竟没有造成矛盾冲突。80分：心理没有不乐意，脸上表现友好但无语言沟通。满分100分：心里很乐意，真诚地用语言向客户表示可以拿走。并把业务快速办理完毕，在下一位客户到来前及时补充一盘糖果。

三、空间艺术

营业网点的空间利用要体现以人为本，"以客户为中心"的思想，网点内部环境设计、布置、管理要符合中国银行业协会考核评价体系《中国银行业文明规范服务考核评价体系（CBSS1000 2.0）》的要求。把本行文化特色与适用和美学结合起来。空间利用科学、合理，形象标识统一、规范，各种指示明确、显目，物态状况美观、大方，卫生状况清洁无污、无破损，各种设施完好、便捷，各种物件摆放考究、有序。中国工商银行上海分行营业部坐落于上海外滩古老的建筑群中，其营业大厅内部处处彰显出古典的雅致，

中国工商银行上海分行营业部营业大厅

中国农业银行厦门分行营业部营业大厅

网点空间格局给人以美的享受。再欣赏一下中国农业银行厦门分行营业部，高高的营业大厅，大厅两侧为零售柜台和对公柜台，大厅的中间，一架三角钢琴在鲜花的簇拥下显得分外夺目，整个营业大厅给人一种高尚典雅之美。而每天开门营业时用大厅的钢琴演奏一曲迎宾曲，给客户一种宾至如归的感觉。

服务工作环节与流程顺畅、便捷；功能区分清晰、明确，标识引导清楚，智能机具、自助机具摆放美观、方便使用。总之，营业网点的布局要让客户体验舒适、美观、整洁、有序。员工感觉温暖如家，每天愿意高高兴兴来上班。

让我们看看其他行业空间艺术理念。以下是华晨宝马生活与生产立体车间，第一层是展厅和生活区，第二层是汽车生产立体交叉流水线，

第三层是恒温恒光的自动化控制系统。第一层展厅摆放了三个用金属制作的、姿式、朝向、动作各异的人物雕塑，强调人的个性与创造性；墙上还装帧着中外艺术家的珍贵作品。给人的感觉这不是汽车生产车间，而像现代艺术展厅。

四、形象艺术

网点的形象艺术包含两大方面：一是网点物理形象艺术，尤其是网点的外部形象，网点的外部形象给人的直观感受或第一印象对吸引新客户至关重要。二是员工的职业形象，包括员工仪容仪态是否美观大方，言谈举止是否规范得体，业务素养与职业素质高低等直接关系网点业务开展。

（一）网点物理形象

网点物理形象体现了一家银行的价值观、服务意识、文化特色、经济实力和对客户的尊重程度。一般而言，网点坐落要当街，有人认为这样风水好。其实所谓的风水好主要是指网点所处位置好，客户来网点办理业务方便。如果有包括无障碍停车位在内的停车场所，这样人们就更愿意来这里办理业务。《中国银行业文明规范服务考核评价体系（CBSS1000 2.0）》（以下简称《CBSS1000 2.0》）第一条就明确提出，网点的门楣标牌、形象标识制作要规范统一，无污渍破损。下左图为中国银行北京分行营业部，其门楣标牌、形象标识制作规范统一，玻璃、门窗、墙面、地面干净美观，给人大气、现代派的感觉。下右图为浦发银行上海第一营业部，外观形象给人古典、高雅美观、气度不凡的感觉。两个网点的物理形象各有特色，两种特色都有助于增强对客户的吸引力。

　　营业厅外部还应设置醒目的机构名称牌、营业时间牌、外币兑换标识，制作规范统一，保持清洁，无污渍、无破损，中英文对照；其中营业时间牌区分工作日和节假日、对公业务和对私业务，这是《CBSS1000 2.0》第二条明确规定的。这块牌子表明的是机构的属性、地理位置、层级、业务范围、劳作时间，以及服务能力。如中信银行和广发银行的牌子除了将机构名称、营业时间、外币兑换、工作日与节假日、对公业务与对私业务等用中英两

种文字标识清楚外，还将五星级牌匾（这两个网点2015年已成功由中国银行业"千佳"单位晋升为中国银行业"百佳"单位）与机构牌匾悬挂在一起。24小时表明自己在行业中的服务能力与服务水平，规范整齐、清洁干净、无破损，给人以美感（见左图）。

　　再看以下牌匾，牌匾字迹脱落、褪色，下端牌子污损，五个标牌杂乱无章。营业牌与"禁放单位"牌子紧紧摆放一起，牌匾破损，露出底白来，连完整性都没有。另外，有的牌匾凹凸不平，面上有划痕，或物品撞击留下的印记。大门前这样的牌匾就无美感，更谈不上艺术性（见右图）。

《CBSS1000 2.0》第三条要求，营业大厅对外设置电子宣传屏或宣传橱窗，营业时间正常显示，且播放时间、形式、内容符合法律法规及监管规定，无过期宣传内容。中国工商银行河南郑花支行营业大厅除设置了电子宣传屏或宣传橱窗来宣传业务外，还专门用落地玻璃窗悬挂员工大幅职业形象照，既激励了员工，又给人一种网点员工训练有素的感觉，还美化了营业大厅。另外，还可悬挂网点理财师的个人职业照，并附上理财师的资质、专长、服务理念等，打造专家理财品牌（见上图）。

《CBSS1000 2.0》第四条，要求营业厅外部管辖区域内环境应保持整洁，无安全隐患、无卫生死角、无杂物摆放，网点外墙、门窗、台阶、地面无损毁，无乱喷涂，无乱张贴，无污渍。网点外部干净、整洁、利索，显现出网点一丝不苟，能给人留下美好印象，使人们愿意进入办理业务。中信银行浙江台州分行营业部外部环境整洁，无安全隐患、无卫生死角、无杂物摆放，无损毁，无污渍，地标清清楚楚，既实用，又给人一种美感（见右图）。

而有的网点外部管辖区域内不整洁，杂物乱放，网点外墙、门窗、台阶、地面损毁。网点门前台阶、标示损毁，自助银行广告灯箱夜间不亮，网点的美感就没有了。人们往往还会通过这种细节去考量该网点内部管理与服务机制建设是否健全（见下图）。

（二）员工职业形象

员工规范、亮丽的职业形象本身就给人艺术美感。这一方面可提升员工的自信，另一方面又尊重客户、给客户赏心悦目的感觉，有利于提高客户满意度。员工职业形象主要由仪容形象和仪态形象组成。良好的职业形象一般应遵循以下四项原则：一是本行特色文化原则。个人的职业形象要服从或体现本行文化和形象要求。二是适体性原则。即仪容仪表修饰应与自身的性别、年龄、容貌、肤色、身材、体型、个性、气质及职业身份等相符。三是T.P.O原则。即时间（time）、地点（place）、场合（occasion）原则，要求仪容仪表修饰因时间、地点、场合的变化而相应变化，与时间、环境、场合相协调。四是整体性原则。要求仪容仪表修饰先着眼于整体，再考虑各个局部的修饰，促成修饰与自身的诸多因素之间协调一致，使之浑然一体，营造出整体风采。

1. 仪容形象关注的方面

一是发部。恰当的发型可以很好地体现一个人的修养和素质。员工可根据工作性质及岗位特殊要求、个人审美习惯和自身特点，定期对自己的头发进行清洁、修剪、保养和美化。原则要求：发型文雅、梳理整齐。女士长发用发兜，男士不留奇异发型。另外，女士可以佩戴统一简约的头饰。示范标准如下图。

二是脸部。员工应保持面部整洁，男员工不留胡须，女员工施淡妆。适当的面部化妆修饰不仅是为了美化自己，也是为了尊重客户。另外，微笑是不用翻译的世界语言，它传递着亲切、友好、愉快的信息。微笑服务能带来良好的第一印象。示范标准如下图。

三是肢体。员工的肢体语言扮演着重要的角色。基本原则：举止大方，手臂不随意晃动；指甲勤修剪，并保持清洁；下肢穿着得体，裤子、裙子无开线，肤色丝袜无洞、无脱线，黑色皮鞋光亮清洁等。全体员工应遵循统一的修饰要求。示范标准如下图。

四是服饰。服饰直接影响第一印象，得体的穿着是一个人素质、修养和品位的体现，统一规范的银行职业服装加上简洁而有特色的服饰佩戴有利于提升客户的信赖感，体现银行员工职业形象。穿着做到合体、齐整、整洁、挺括、规范。示范标准如下图。

2. 仪态形象关注的方面

一是站姿。站姿要求双眼平视，下颌微收，挺胸收腹，笔直挺拔，精神饱满，和蔼庄重。男员工的站姿应表现阳刚、英俊、可靠的力度美；女员工的站姿应体现亲切、典雅、职业的柔性美。切记不要无精打采或东倒西歪、双手插腰或抱在胸前、倚靠墙体或其他物体、弯腰驼背或两肩不齐、手插裤袋或做小动作、长时间背对客户等。示范标准如下图。

二是坐姿。入座时要稳、要轻，一般只坐满椅子的三分之二，不要靠椅背，休息时可轻轻倚靠。入座后面带笑容，双目平视，嘴唇微闭，微收下颌，坐相端庄，立腰、挺胸，上体自然挺直，双肩放松平正，双臂自然弯曲。双手放在膝盖或工作台上，坐有扶手的椅子时，男士也可将双手分别搭在扶手或膝盖上，而女士则最好只搭一边，以示高雅。两腿自然弯曲并正放或侧放，双膝自然并拢，双脚平放或交叠。女士可选用上体与腿同时转向一侧，面向对方形成优美的S形坐姿。不可前倾后仰，或歪歪扭扭，两腿不可过于叉开，也不可长伸出去，不可高跷二郎腿，或摇腿、颤腿等。示范标准如下图。

　　三是行姿。行走时，步履应自然、轻盈、敏捷、稳健。女士还要步履匀称、端庄、文雅。行走时，头要抬起，挺胸收腹，腰背笔直；目光平视前方，双臂自然下垂，手掌心向内，并以身体为中心前后自然摆动，前摆约35度，后摆约15度。起步时身子稍向前倾，重心落前脚掌，膝盖伸直，腿部伸直，腰部放松，脚步轻盈且富有弹性和节奏感。在陪同引导时，应注意方位、速度、关照及体位等方面，如果双方并排行走时，员工应居于左侧；如果双方单行行走时，要居于左前方一米左右的位置；当被陪同人员不熟悉行进方向时，应该走在前外侧；要注意行走速度与对方相协调，不宜走得太快或太慢。当经过拐角、楼梯等地方时，要提醒对方留意。在请对方开始行走时，要面向对方，稍微欠身。在行进中和对方交谈或答复提问时，把头部、上身转向对方。示范标准如下图。

四是手势。常用手势有横摆式：常在迎接来宾做"请进"、"请"时用。直臂式：常在给宾客指方向时或做"请往前走"时用。斜臂式：常在请来宾入座做"请坐"手势时用。曲臂式：常在一只手拿东西，同时又要做出"请"或指示方向时用。双臂横摆式：常在接待较多来宾做"诸位请"或指示方向时用。递送物品时，双手为宜。应直接交到对方手中并便于对方接取。若为带有文字的物品，还须使之正面朝向对方。接取物品时，应当目视对方，而不要只顾注视物品。要用双手或右手接过对方递出的物品。用手势介绍某人、某物或某个方向时，应当掌心向上，四指并拢，大拇指张开，以肘关节为轴，前臂自然上抬伸直。指示方向时，上体稍向前倾，面带微笑，视线始终随手指的方向移动，并兼顾对方是否意会。用手势与人打招呼、致意、欢迎、告别时，要注意将手尽量伸开，要根据场景控制手势力度的大小、速度的快慢与时间的长短。借助手势谈论自己时，可将手掌轻轻按在自己的左胸，以示端庄、大方、可信。示范标准如下图。

五是鞠躬。鞠躬时应该面对客人，目视对方，立定站好，伸直腰；男士双手贴裤线放在体侧或双手轻搭垂放腹前；女士双手在体前下端轻搭在一起；脚跟靠拢、双脚尖处微微分开。鞠躬过程中，将伸直的腰背向前弯曲，弯腰速度适中，之后抬头直腰，抬起慢于下弯。同时，视线移动顺序为对方眼睛到对方脚。向迎面碰上长辈或尊贵客人鞠躬时，则应在鞠躬之后，向右边跨出一步，给对方让开路。受鞠躬礼后应还鞠躬礼。网点开门迎宾鞠躬时还可带上手势。示范标准如下图。

　　六是蹲姿。在拿取低处的物品或拾起地上东西时使用蹲姿。下蹲时，应自然、得体、大方。女士无论采用哪种蹲姿，都要将腿靠紧，身体自然下蹲。常用的蹲姿有高低式蹲姿、交叉式蹲姿、半蹲式蹲姿、半跪式蹲姿又叫作单跪式蹲姿。忌讳：突然下蹲、离人太近、方位失当、蹲在凳子或椅子上、两腿叉开、两腿展开平衡下蹲，以及下蹲时露出内衣裤等。示范标准如下图 。

3. 仪表着装

　　西装穿着要求。衣扣的扣法：单排一粒扣，可扣可不扣；二粒扣时，只扣上面一粒或全扣上；三粒扣时，只扣中间一粒或扣上面两粒，同时也可三粒扣全扣上；双排扣西服则在稍正式场合都应把纽扣扣上。合体要求：西服应贴身合体。西服的肥瘦一般是按自己的胸围放松10到12厘米左右；长度大约是肩部位到足跟的一半，不超过臀下线；袖子的长度至手腕关节，要使衬衫袖子多出2厘米，并且衬衣领也要高于西服领1厘米。西服马甲扣上扣子后以贴身紧凑为合适。衬衫的选配：一般首选国际化的白色、淡蓝、中蓝等单色衬衫，较轻松一些的选取白底条纹、格子衬衫。深色衬衫和花纹衬衫一般不适合正规活动和高级商务活动。领带的选配：员工上班应始终打领带，领带的长度有一定讲究：领带尖不应低于皮带头，但也不要高于它。鞋袜的选配：较常规的皮鞋应是黑色；袜子应与裤子同色系。示范标准如下左图。

　　套裙穿着要求。贴身合体：上衣最短可以齐腰，裙子最长可及小腿中部，上衣的袖长要盖住手腕等；穿着规整：领子要完全翻好，口袋的盖子（若有）要拉出来，衣扣全部系上等。

　　妆容。淡妆、少配饰，且配饰统一。

　　鞋袜选配。鞋子的款式为高跟、半高跟的船式皮鞋或盖式皮鞋，穿着舒适、美观大方。鞋跟高度应该以3～4厘米为主。鞋的颜色应与衣服下摆一致或近色。袜子可配长筒丝袜或连裤袜，颜色以与肤色相同为佳。

　　饰品佩戴。工作期间，佩戴饰品的数量不超过3件，且不宜佩戴夸张的饰品。示范标准如下右图。

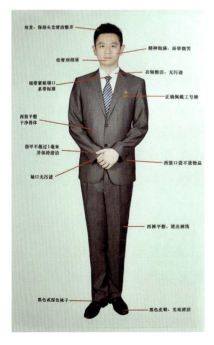

服务是一种社会责任，即银行服务要促进经济社会的全面发展、为客户创造价值，保护消费者合法权益，以人为本关爱员工，为投资人创造价值，为社会和大众防范好金融风险，促进环境保护工作，支持公益慈善事业。银行服务尽到了这些责任等于为银行可持续发展提供了不竭动力。正因为如此，履行好社会责任的内容被写进了《中国银行业文明规范服务考评体系CBSS1000 2.0》中。履行社会责任又有多个角度（如下图）。

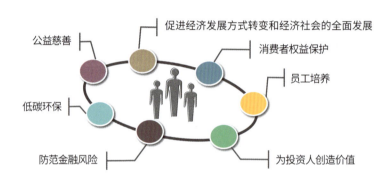

履行社会责任的要素图

一、促进经济社会的发展

银行履行社会责任的第一项内容就是支持经济社会的发展，支持实体经济的发展。实体经济是社会经济的基础，事关社会就业与稳定。同时，银企又唇齿相依，只有支持实体经济实现了健康可持续发展，银行自身才能做到健康可持续发展。因此，银行网点应做到急企业之所急，帮企业之所难。

一天午后，两位满脸焦虑、十分疲惫的客户走进中国工商银行武汉经济技术开发区支行营业室，二话不说要见负责人。他们是一家外资企业的财务人员，为了一笔委托贷款业务而焦急万分。他们希望在一周内完成对全国49家汽车经销商放款的全部业务流程，否则会造成5 000台汽车的销售损失。同时公司还会因在规定时间内逾越资金监管红线而受到停业整顿的最高处罚。看着客户焦灼的神情，营业室主任毫不迟疑地说："交给我们吧！"客户如释重负，但喜悦的神态中却带着一丝质疑。营业室连夜召开会议，成立攻坚小组，全行总动员，绞尽脑汁地反复设计方案。异地客户的结算账户和信贷台账开立、所有协议签署需要到外地收集很多资料，营业室派出客户经理兵分几路，风雨兼程往返十多个省市。当时正是清明客运高峰，很多线路买不到坐票，有时要站六七个小时，收集完客户资料后又连夜一路站回武汉，下车时，客户经理腿僵硬得几乎不能动弹。刚做完胆囊炎手术的员工不顾身体虚弱赶回支援，刚结婚的客户经理推迟了蜜月旅行，毅然回行参加会战。柜员们白天忙柜面业务，晚上加班加点，通宵达旦审核录入1万多条信息。大家全力以赴，全程跟进，经过六天六夜的苦战，终于在最后一天下午完成全部放款流程。客户惊喜万分，热泪盈眶，连声道谢。回到公司，客户在公司记载大事的电子屏上写道"感谢武汉ICBC帮我们完成了不可思议的任务"。急客户之所急，想客户之所想，帮客户之所难，这就是服务中的责任。

落实国家产业政策，支持实体经济、中小微企业，扶持"三农"，促进经济社会全面发展，这是银行服务的基本要求和应履行的社会责任。2015年，银行业金融机构向实体机构和个人发放贷款93.95万亿元，同比增长14.3%，有力支持了实体经济发展和较好满足了个人融资需求。其中，银行业金融机构为小微企业提供融资达23.46万亿元，同比增长13.13%，有效解决了小微企业融资

需求；涉农贷款余额达26.35万亿元，同比增长11.7%，较好扶持了"三农"建设。

银行网点是这些政策的执行者，保质保量落实好这些政策就是很好地履行了促进经济社会发展的社会责任。

二、消费者权益保护

5月的一天，中国银行上海中银大厦支行营业室已接近营业结束，大厅里突然急匆匆地跑来一位40岁左右的妇女，心急火燎地询问如何在ATM上进行汇款操作。大堂经理朱弘见状马上迎上前去询问，客户表示要将自己卡上的27 000多元资金立刻转到他人账户。当向客户询问是否认识收款人时，客户表示不希望银行过多干涉，若有差池都由她本人承担。大堂经理警觉地发现这笔汇款可能存在不妥。于是，他借故将客户引导到接待室，先对客户情绪进行了安抚，接着向客户介绍了近年来的几个电信网络诈骗的案例，希望客户提高警惕。但客户情绪急躁，她告诉大堂经理，收款人已经承诺在其付款后，给予她所购买的奢侈品以相当的折扣。期间，客户还收到了对方的催促电话，说优惠即将结束，要求其立即汇款。在客户接电话时，大堂经理瞥见客户手机显示的来电号码为xxx110，更加肯定客户的确遇到了诈骗分子。于是他向客户表明：首先从银行经验来说，那么紧俏的奢侈品收款人怎么会如此异常地催促汇款；其次110是特殊号码，收款人来电显示的号码怎么会显示110？大堂经理坚定而不容置疑的语气让这位客户恍然大悟，客户立刻站起身对大堂经理表示感谢。《中华人民共和国消费者权益保护法》（简称《新消法》）第十八条规定："经营者应当保证其提供的商品或者服务符合保障人身、财产安全的要求……宾馆、商场、餐馆、银行、机场、车站、港口、影剧院等经营场所的经营者，应当对消费者尽到安全保障义务。"服务中保护好消费者合法权益是银行应尽的责任与义务。

我们在第二节"服务为什么能创造价值"的第一个话题"从服务—消费者保护—创造价值的逻辑关系分析"中已经分析了消费者权益保护、银行服务、创造社会价值与创造银行经济价值的关系。银行产生经济价值后履行社会责任必不可少。而银行履行社会责任的首要任务便是保护消费者合法权益。《新消法》第六条明确规定"保护消费者的合法权益是全社会的共同责任"。因此，保护消费者合法权益是银行应履行的社会责任，这已被法律规定下来了。中国银监会《银行业消费者权益保护工作指引》第五条关于"银行业消费者权益保护工作应当坚持以人为本，坚持服务至上，坚持社会责任……依法维护银行业消费者的合法权益"的规定进一步明确了这种逻辑关系。参见下图：

服务创造价值与履行社会责任关系图

在消费者权益保护工作中尤其应考虑各类特殊群体客户需求，增强专业服务技能，提高应急处理能力，尽可能地提供便捷的人性化服务，确保特殊群体客户享受与其他客户平等权利，公平对待消费者。在与听力障碍客户的交流中，在通过手语进行基本交流的基础上，对容易引起歧义的重要业务环节耐心提供文字交流服务。对听力障碍客户应提供电子显示屏叫号服务或相当功能的服务措施。还可通过网上银行或其他自助渠道为听力障碍客户提供账户查询及转账、银行卡临时挂失和信用卡激活等涉及隐私的服务项目。应协助视力障碍客户携带经过登记、认证、有可识别标识且处于工作状态的导盲犬出入银行营业网点办理业务。当客户急需办理而因极特殊情况（如身体方面等）不能亲自到网点来时，应按照制度规定和流程要求，为这类特殊客户提供延伸服务。如：招商银行重庆分行营业部推出为残障人士"五公里"免费接送服务（见下图）。

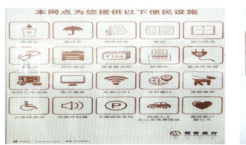

此外，以客户为中心，保护好客户信息也是十分重要的。保护客户信息安全至少需要做到几点：一是不断改进IT技术，防范非法截取客户信息，保证客户信息绝对安全；二是通过保密合同、协议等方式，严格约束与银行合作的第三方公司（如质押评估公司、委托第三方公司对异地贷款客户资信调查等），确保客户信息不外流；三是银行客户信息资料不外带。2014年5月20日CCTV财经频道曾报道一位金融理财师的电脑笔记本在自己车上丢失造成了客户资料泄密的事件；四是持续进行消费者金融风险教育。

三、员工培养与关爱

员工是服务工作的主体，是生产力的提供者。只有满意的员工方能迸发出强大的生产力。这在第二节"服务—利润链"关系中已经分析清楚了。员工关爱与培养是银行服务应履行的社会责任，相关内容已写进了《CBSS1000 2.0》第六模块。要想做好服务工作，一是必须根据工作量合理配备员工，其中还要配备具有手语交流能力的服务人员，满足特殊群体客户的基本需要；有英语口语交流能力的服务人员，满足涉外服务的基本需要；有当地方言交流能力的服务人员，使用少数民族语言、文字的地区，配备具有少数民族语言交流能力的服务人员等。二是员工权益保护。如遵守劳动法规，不随意延长员工工作时间；实施员工轮休及带薪休假制度，保护员工休息、休假权利；有优质服务员工奖励与晋升措施等。三是培养员工。注重人才队伍培养，制定具体的服务培训计划；定期开展文明规范服务及业务技能培训，培训制度与记录完善（见下图）。四是关爱员工。坚持以人为本，注重员工关爱，营造良好的职业环境。有必要的

文明规范服务培训

服务培训

情绪管理、减压训练、沟通技巧等培训，保护员工身心健康；配置具有更衣、化妆、休息、就餐、文化展示、情绪缓冲、活动等功能的区域。交通银行重庆东和春天支行在员工减压室配备有芬芳柜（见下左图）。交通银行深圳宝城支行推出员工关爱"五必谈，五必访"制度。"五必谈"即工作变动必谈，遇到困难必谈，有纠纷必谈，表彰晋升必谈，受到批评处罚必谈。"五必访"即重要岗位人员必访，生病住院必访，婚喜丧事必访，异常行为必访，家庭矛盾必访。关爱员工就像关爱家人一般。中信银行贵阳分行员工柜台巧设计：抽屉床，合上是柜子，打开是齐肩宽的简易折叠床。让员工中午能小歇一会儿。下午精神抖擞上班（见下右图）。

他山之石，可以攻玉。到华晨宝马厂区参观，第一个印象就非常深刻：汽车行驶在宽敞的厂区，但无论谁的汽车，其时速都不能超过20公里，否则就得挨罚。这样做是为了不让行人产生被车撞的担心，不能让汽车生产厂家的员工对汽车产生恐惧；汽车超低速地行驶在厂区，遇到行人，汽车会主动停下，礼貌让人。以人为本，关爱员工的思想真是做到家了（见下图）。

四、为投资人创造价值

银行服务需要为投资人创造价值。已上市大型商业银行的大股东是汇金公司，占了75%的股权，战略合作人和普通投资人占25%。也就是说大型商业银行每年服务所创造的经济价值绝大部分以向股东分红派息的方式通过汇金公司上缴中央财政了。十几家股份制上市银行每年通过服务创造的价值多数通过分红派息给了市场中广大投资人和相关战略合作伙伴。为投资人创造价值是银行服务应履行的社会责任。

五、金融风险防范

银行服务需要防范各式各类金融风险，诸如信用风险、流动性风险、市场风险、操作风险等。同时还要防范国际金融危机的冲击。这正是为了履行社会责任，实现银行的可持续发展，对存款人负责，对投资人负责，对银行全体员工负责。

六、低碳环保

积极支持绿色信贷、节能环保事业，以绿色运营的实际行动降低自身对环境资源的影响，通过开辟专栏等不同形式，宣传低碳、环保、节能等生活常识是银行服务之社会责任。尤其是融资服务应按照中国银监会发布的《节能减排授信工作指导意见》、《绿色信贷指引》和2016年1月9日中国银监会与国家发展改革委联合印发的《能效信贷指引》的政策精神，创新绿色金融产品和服务，加强对节能环保等绿色经济领域的信贷融资服务。积极开展能效信贷服务，支持产业结构调整和企业技术改造升级，促进节能减排，推动绿色金融发展。配合国家产业转型升级政策落地，助推"两高一剩"行业绿色转型，支持国际产能结合，扶持新能源产业，帮助企业减排，节水净水保护水资源，促进循环经济、清洁能源及再生能源利用，发展碳金融等。坚持绿色低碳运营，打造绿色办公环境，改造设备设施，实现节能降耗等。

再谈谈华晨宝马。下图是华晨宝马汽车喷漆车间。这是一个开放式的立体生产与生活空间，非常环保和人性化，空间也被利用到了极致。第一层面是大堂，设有会议室、餐厅和咖啡厅，在这里，人们按自己的

日程开会、用餐、喝咖啡。第二层面是汽车喷漆流水线，喷漆流水线就在大堂上面，可大厅一点儿异味都没有。第三层面，顶部采用采光结构设计，部分天窗采用透明特殊玻璃进行自然采光，让员工见到阳光。喷漆车间易燃物多，如若着火，特殊玻璃受热气流冲击天窗会自然碎裂，可以避免烟雾使人窒息。当然，这种情况很难发生，因为其内部有严密的消防安全措施。如头顶的日光灯是轮流工作，亮一定时间会自动熄灭，而旁边的灯管会自然亮起。生产车间有高温作业工序需用水降温，从而形成大量热水，这些热水经过消毒、净化处理，又可供生活所用。大堂始终保持一个恒光度，这也是由电路自动控制的。对喷漆车间的员工来说，一进车间大门他们看见自己工作的流水线，会产生一种成就感。对有个性化要求的消费者来说，能看见自己的爱车从喷漆车间迎面缓缓驶出来，该是多么欢喜的一件事情！

七、支持公益慈善事业

积极支持公益、慈善事业，组织开展扶贫帮困、助老助残、助学支教、无偿献血或送温暖等相关公益活动，并采取不同形式开展社会志愿者服务活动是银行服务应履行的社会责任。这在《CBSS1000 2.0》中写得很明确。一天上午，一

名残障客户走进中国工商银行贵阳云岩支行营业厅，要求兑换被老鼠撕咬残损的800元钱。工作人员热情接待，特事特办，按照人民银行残损币兑换标准认真比对，及时将残损钞票兑换了550元交与客户。了解到客户是位拾荒者、生活艰难、又有重病家人需要照顾的情况后，营业厅员工组成"献爱心、送温暖"公益小组，自愿捐款2 000多元送到拾荒者居所，送去了一份诚挚的关怀。营业厅的爱心行为不仅感动了客户，更吸引了媒体的关注。贵州电视台《百姓关注》栏目组知道此事后对此事做了全程跟踪报道。一些市民慕名而来开办业务，扩大了客户的群体规模。两年来，支行营业厅中间业务收入和利润指标完成率都超百分之百，人均中间业务收入已超过80万元，在工行省分行营业部的众多网点中名列前茅（见上图）。

三年前的一天上午，交通银行太原高新区支行门前进行道路维修，到了中午道路还未修好，支行行长带领员工把维修的工人们请进大厅喝水、休息，支行还为工人们准备了快餐，并在支行内提供一块场地供他们作研究维修工作之用。道路维修完工后，工人们便离去了，一切又恢复了平静。过了两星期，支行突然收到上级行的一封嘉奖令。原来在抢修工人中"夹着"一位市领导，事后政府便给山西省交通银行写了一封表扬信。不久，市政府便把机构业务与代发工资交由交通银行太原高新区支行来做。

银行履行好社会责任，社会各界和广大民众是看得见的，是能够得到社会的认可与尊敬的，业务当然也会随之而来。2015年，交通银行太原高新区支行人均创利超过260万元，比三年前的160万元增加了100万元，增幅达62.5%。

　　2015年国庆节，我开车沿京石高速自驾游，到了石家庄西兆通服务区休息时，已是中午了，我便下意识地走进服务区餐厅，一块硕大的服务宣传牌挂在墙上，"服务争先，实行'主动服务'，做到有困必助，有难必帮，残疾人免费用餐，全程陪护"这样一段话深深吸引我。我好奇地问服务员："宣传牌上所写的残疾人免费用餐是真的吗？"服务员告诉我说："是真的，只要出示残疾人证件就行了。"我十分惊奇和感慨，也十分敬佩。经了解，他们正在创建省直为民服务"十佳满意窗口单位"。我于是拿出相机拍下了以下照片，服务员有些顾虑，问我拍照做什么用，我告诉服务员，请放心，我也是从事服务工作的，我一定在全国宣传你们服务残障朋友的好做法。我还对他们说，你们服务好，我会介绍我的朋友在开车路过时到你们餐厅用餐。这种服务境界值得我们学习和深思。

 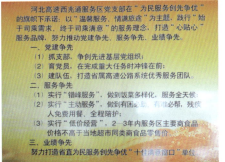

第七节　服务是文化

　　服务是文化，文化是银行的灵魂，是银行在服务实践中长期积淀形成统一的经营思想、价值取向、思维方式、规章制度、行为准则，以及银行形象的总和，也叫服务文化。客户的满意度和忠诚度本质上是对银行服务文化的认同。优秀的银行或者说优秀的网点必有优秀的文化，只是特色各异。中外银行发展史无不证明这一点。文化同样是让客户能感受得到的实实在在的物质和精神。服务文化具体包含了服务观念、诚信意识、员工关爱、服务制度、激励机制、服务行为、服务礼仪、服务产品、客户评价、服务监督、历史积累、形相标识等12个方面（见下图）。服务文化专门被写进了《CBSS1000 2.0》。

一、服务观念

一家银行的服务观念包括价值观、发展观、战略观、使命观、行为观等，它们共同形成全体员工和管理人员的价值追求、行为准则、工作态度。由于各家银行在市场中的规模、地位，其品质、体制、机制、经

营模式不同，也就形成了各具特色的银行文化，而这种文化又会汇集到一个最高理念上来。这个最高理念提炼的文字不宜多，易记易说，不晦涩，不绕口，不是在做文字游戏。其内涵要体现出"以客户为中心"的思想。如：工商银行规模大、网点多、方便百姓，其服务理念因此提炼为：您身边的银行，可信赖的银行。不管您左看右看，前看后看，工商银行始终"以客户为中心"，紧跟客户您。而每个网点又可在最高理念的统领下做网点特色文化。如工商银行济南大观园支行"换两毛存一万"的故事曾经传遍大江南北，感动了一代人。在实际工作中，工商银行济南大观园支行把"金融服务"延伸到"文化服务"，积极引导全行员工用"自律"铸就"精诚"，用"感恩"打造"和谐"，

以"创新"促成"卓越"，形成了"和谐、奉献、卓越"的文化理念和"感恩、用心、回报"的文化精髓。大观园支行服务文化的内涵与外延、内容与形式、理念与实践都堪称经典。

又如招商银行崇尚葵花，葵花从日出到日落会变换角度，始终朝向太阳。"因您而变"便成为了招商银行的服务理念。"您"代表客户在银行心上，银行会"以客户为中心"，紧随客户的变化而变化，体现了对客户的尊重、关注、紧随与对其需求的满足。招商银行西安城南支行把"因您而变"延伸到因季节的变化而推出特色文化活动。如2015年七夕，支行员工一大早就在大厅摆上了由365支玫瑰花组成的巨大花束，代表支行365天热忱为客户服务。当天只要是来网点办理业务的客户，都会得到一支玫瑰花。"赠人玫瑰，手有余香。"客户都说："招行好，真贴心。"有位金葵花客户挑选玫瑰后说："我要把招行的氛围带回公司去！"（见上图）。

再如，浦发银行"新思维、心服务"的理念则体现了紧跟时代、创新思维、用心服务的思想。浦发银行南昌物华支行用心为轮椅队的客户服务到家。使残障朋友们鼓起了生活勇气，组建了一个轮椅表演队，全国演出（见下图）。现在，不少轮椅表演队员都成为了支行的客户。

二、诚信意识

诚信意识对于服务文化来讲就像支撑一栋大楼的基石，是服务文化之根本。这要求银行服务要做到童叟无欺，公平对待。无论是服务价格公示、产品信息披露、理财风险揭示、对客户信息保密等都通过各种渠道做得非常充分。守候一句承诺、保有一份真诚是赢得客户、赢得市场的法宝。清末时期，平遥城一位沿街乞讨数十年的孤寡老人，有一天持金额为12 000两白银的日昇昌张家口分号汇票，到日昇昌总号要求提取银两。柜组长一看签发时间在同治七年（1868年），与取款时间相隔了30多年，赶紧跑到后厅询问大掌柜，两人问清了汇票的来历，在经几个星期认真查对了数十年的账簿并确认了其真实性后，连本带息如数兑付了现银。原来，这位老人的丈夫早年到张家口做皮货生意，同治七年在日昇昌分号汇款白银12 000两，起程回晋，不料途中身亡，其家境从此败落。其妻多年后沦为乞丐。有一天她思念丈夫，拿起丈夫遗留的夹袄，不经意地从衣缝里摸到一张日昇昌汇票，抱着试试看的心理，到日昇昌兑取现银，便出现了上述情景。这件事传开后，日昇昌名声大振，汇兑、存贷款业务一天比一天红火。

正如厦航空乘人员所讲：进公司学的第一堂课就是公司理念，以诚为本，以客为尊，答应旅客的事情就一定要做到，公司服务有严格的流程，但是只按流程来服务并不难，难的是用真心对旅客，用真诚对旅客，这是我们一直在做的。

三、团队精神

团队精神是服务文化的核心。如何培养团队精神？第一，要关爱员工。员工关爱是一种文化，也是一种责任。第二，要健全一种有效监督和约束机制，营造一种团结干事的工作氛围。第三，消除不必要的工作界限。形成"分工不分家"、"互相支持和努力"的工作习惯。第四，给每位成员一个自我发挥的空间，让员工个人不断从集体中获得成就感。第五，培训员工学会欣赏、尊重其他员工，团结他人。培养员工表达与沟通的能力、主动做事与敬业的品格、宽容与合作的品质、全局意识和集体观念。

四、服务制度

服务制度是指相关服务工作的所有行规和一家银行内部服务规章制度的总和，是就服务工作立下的行为规范和行为准则。没有规矩不成方圆。通过服务制度把服务要领和服务要求固化下来，不因人而异，谁来做服务都得遵照这一套制度规定行事。因此，制度是用作他律的。银行服务早期是从微笑抓起的，制度规定要求微笑必须露出8颗牙，做不到怎么办，嘴里含上一根筷子练。当有一天员工心中有了客户，能把客户当朋友、当亲人，微笑自然灿烂了。

五、激励机制

激励机制是企业文化的组成部分，不同的激励模式反映不同的企业文化。如薪酬普调模式反映的是无经营指标考核压力的机关文化。绩效挂钩反映了独立核算、自负盈亏的经济组织文化。银行网点良好的激励机制应该包含以下几个方面：一是绩效挂钩，奖勤罚懒，严格兑现。尤其"奖勤"要及时到位，切忌为摆平其他人嫉妒心理而临时做政策调整。二是放手并支持网点奋力拼搏，去争取各种奖牌荣誉，这对创服务品牌、提升客户满意度十分有效。不管成功与否，上级行都应给予鼓励与奖励。创建工作只是个抓手，创建的过程有助于凝聚人心，汇聚力量。三是精神奖励。对网点或员工个人获得的荣誉或重大成果应及时给予文字表扬或重大会议等场所口头表扬等。四是中国银行业"百佳"单位、中国银行业"千佳"单位、五星级网点等旗舰店是培养干部的摇篮，对其中的骨干人员和服务精英或本地提拔使用，或提拔到其他网点去复制经验。这就形成正能量不断累积的好势头，对其他网点和个人将是极大的心理暗示，比、学、赶、帮、超的良性循环自然而成。

六、服务行为

服务行为是指银行员工在服务客户时所进行的业务咨询、业务宣传、产品介绍、业务经办、客户维系、客户营销、客户培训、操作指导、现场管理和客户满意度调查等活动的总和。每一个环节无不透视出银行服务文化，服务行为表现出来的服务文化又因行而异，可以各有特点。不同特色的服务行为一定要让客户体验和感觉好。这就要求服务行为要做到文明用语、礼貌待客、行为规范、有谦和感、办事效率高等。服务行为质量高低直接关系客户体验好与差，客户满意度高与低。

七、服务礼仪

服务礼仪参见第一章第五节"服务是艺术"之"四、形象艺术"。服务礼仪能给客户带来良好的直观印象，同时又能提振员工精神、增强员工信心，塑造员工良好形象，提升员工职业素质，提高员工服务意识，改善服务心态。

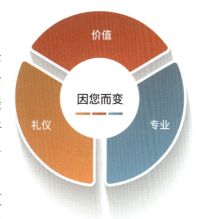

招商银行围绕"因您而变"核心价值观的是礼仪、专业和价值三要素。员工以端庄大方、精神饱满的姿态迎接客户；主动、认真、细致地倾听并回复客户的咨询和意见；遇到不能回答和解决的问题，员工会热情地引导客户到相关窗口或部门解决。当接到客户来电，员工会主动自报"您好，招商银行"，交谈态度谦和、声音清晰、表述简明，通话完毕主动致谢。

八、服务产品

银行产品承载着银行文化，不管是信贷产品、零售产品或是理财产品，无不具有银行的属性。而不同银行的产品又有不同的风格，如信贷类产品，大型商业银行承担着国家基础设施建设任务，产品相对而言期限长的较多；而城市商业银行、小型商业银行信贷产品期限短的较多。反过来，不同的产品也反映出不同银行文化。有的产品偏好稳健，反映出其银行的稳健性；有的产品偏好激进，反映出其银行的激进性。有的产品反映城市商业银行的文化；有的产品则反映了农村商业银行的文化。另外，产品齐全与否还反映出了其银行的创新文化与能力。产品同样还能反映出时代特征。当今时代，谁的互联网产品越丰富就越能反映出这家银行应变能力和信息技术强。银行服务文化一定会通过其产品体现出来。银行的产品反映的是这家银行的服务文化。

九、客户评价

客户满意度调查就像银行服务的一面镜子，服务好与差须通过满意度调查结果来说话。开展满意度调查，听取客户评价就成为银行服务必不可少的组成部分。要打造一家客户满意的银行就应建立"客户满意度调查管理制度"，按年开展网点私人银行客户、理财客户、对公客户、新卡客户满意度调查或针对某一项产品开展客户调查，征求客户意见和建议，倾听客户心声，接受客户评价。

十、形象标识

说起银行服务文化，自然离不开形象标识，任何一家银行都必须有自己的形象标识。一是银行名字的全称、英文名字的全称。采用何字体都很考究，不过都要符合本银行的风格和崇尚的服务理念。二是行徽的设计采用代表了本银行的服务理念，换言之，什么样的服务理念决定什么样的行徽图案。三是网点的建筑色彩一旦确定了，就应作为标准色系用于网点所有设施，服务产品、服务设施、网点装修改造都应整齐划一，各种宣传牌、提示牌、引导牌、功能标识牌等都统一色系，客户只要一看色系便知晓是哪家银行。四是装饰线、象征图案、服务理念宣传用语等都是必不可少的。五是所有网点应标准化建造，如中国农业银行就统一采用了绿色系（参见下图）。

十一、历史积累

历史积累主要是指一家银行或一个银行网点自成立之日起其服务文化日复一日的沉淀，包括其服务观念、宣传用语的变化与传承；从第一代领导班子和员工开始，一代一代的更替；成立之后的各项业务资料的累积；用过物品的陈列（如扎捆机、印台、日历戳、旧凭证、旧算盘，甚至用过的旧袖套等）；员工收藏的相关银行服务文化的物件陈列（如古钱币、各版别人民币票样、金融史方面相关资料）等。有一次赴美国富国银行考察，该行工作人员首先带我去看几件物品：一件是19世纪在旧金山淘金时用过的马车，另一件是计量用过的天平。顿时让我肃然起敬，眼前这家银行的服务文化可以追溯200年历史，我对它的业务发展和银行服务更加好奇。

十二、服务监督

服务监督是服务文化大链条上的闭环环节。它是对服务理念在各业务条线的融会贯通情况进行了解考查，对服务文化前面所有环节的推进、过程、进展、表象、质量、效果、客户感受等进行监察与督导。据此，定期向服务决策层级总结汇报，提出建议。

第八节　服务是系统工程

服务是一项系统工程，服务工作不仅仅是某个职能部门和几个从事服务工作的职员的事。要想做好服务工作，必须全行上下、各条线每一个人都行动起来，按照系统工程进行设计、作业、推进、监督、验收与考核激励，方能创造价值、产生奇迹、诞生神话。如下图，这个系统工

程由顶层设计、一把手工程、制度安排、统筹协调、倾听客户、技术与人才保障、执行力、考核激励八个主要环节组成。

一、顶层设计

顶层设计是指一家银行高管层要真正重视的服务工作，把服务工作纳入全行中长期发展战略规划，有步骤、分年度、分阶段一步一步去实现服务工作规划。一家银行的服务工作如果没有中长期规划和目标，就等于没有方向感，易出现东一榔头，西一棒子，工作缺乏步骤和章法。当一项服务工作规划结束后，应开展服务工作规划执行情况的后评估，在总结经验的基础上制定下一个服务工作规划。顶层设计的思想、目标、规划等须通过各种途径传达到每一位员工，让每一位员工都知晓，这样便于全行上下步调一致，统一行动。例如，工商银行决策层2013年底宣布了服务工作中期规划：自2014年起用三年时间全面提升经营网点的竞争力，并已按照规划逐年推进。两年来，工商银行网点形象发生了巨大改观，尤其是将先进的IT技术前置后，网点形象和业态都发生了改变。2013年，交通银行董事会把"两化一行、服务提升、风险管理"作为参与市场竞争、谋求稳健发展的"铁三角"战略，提出"以服务树品牌，以品牌促发展，以发展出效益"的指导思想。近三年来，交通银行的网点服务形象、服务能力和水平提升速度令人刮目相看。

二、一把手工程

一把手工程是指服务工作从总行到各级分支行（营业部）都须由一把手挂帅，分管副职亲自抓、职能部门具体抓的工作机制。既然服务是一项系统工程，就必然要调动对公、零售、科技、人事、计财、客服、办公室、渠道等方方面面的资源，齐抓共管方能真正取得实效。如此多资源必须一把手领衔方可顺利调动。近三年来，已有不少银行抓服务实施了一把手工程，并取得了实效。

三、制度安排

制度安排是指服务工作必须制度化、规范化、常态化。制度化是从政策层面要求把顶层设计的战略思想、目标和规划通过制度固化下来，不因人员变动而变样。规范化是从操作层面要求服务工作的各个环节，包括服务用语、服务行为、服务流程、服务渠道、服务设施等都应规范，全行统一，不能千个网点千种操作。常态化是从客户体验层面要求银行文明规范服务保持稳定性，客户任何时候到这家银行的任何网点办业务，所得到的服务都是标准化的文明规范服务，客户的体验都是好的。银行服务不能抓一阵紧一阵，放一阵松一阵。现实中，往往却是因人而异，某位行长重视服务工作，抓得有力，服务水平与质量提高很快。一旦该行长职位升迁变动，换一任行长，换一个思路，换一套做法，服务质量至少短期内便会出现波动。只有通过制度加以约束方能保证服务质量的可持续性。

四、统筹协调

统筹协调是指由众多部门参与的事情必须要建立一个统筹协调机制，既有统一指挥，各部门又能各司其职、互相配合，劲儿往一处使。这种统筹协调机制的组织形式可以多种。如，总行成立一个银行服务工作委员会，行长任主任委员，分管副行级领导任副主任委员，其他部门负责人任委员，办公室设在牵头部门，办公室主任由牵头部门负责人兼任。这样既有统一领导，又有分工协作，齐头并进地推进工作。委员会定期展开银行服务后评估工作，并向董事会作服务工作汇报。第二种组织形式便是成立银行服务系统工程领导小组。董事长任领导小组组长，亲自挂帅推动全行服务工作。行长任常务副组长，分管行级领导任副组长，各相关业务条线负责人任小组成员，领导小组办公室设在牵头部门，办公室主任由牵头部门负责人兼任。分支机构也都成立一把手挂帅的统筹协调组织，统筹协调银行服务推进工作。

五、倾听客户

倾听客户是指定期或不定期倾听客户对银行服务和产品的意见。目前，各家商业银行都十分重视服务、大抓服务，提出了要做人民满意的银行、金融业服务最好的银行、银行业服务最优质的银行、消费者放心的银行等奋斗目标。那么倾听客户这项工作就必不可少。倾听客户可以从两个维度展开。第一个维度，银行服务工作委员会定期（如一个月或一个季度）组织开展投诉工单分析。第二个维度，银行服务工作牵头部门半年或一年内主动开展一次多维度的客户满意度指数调查。

（一）投诉工单分析

商业银行总部银行服务工作委员会或银行服务系统工程领导小组可按月或按季定期召开会议投诉工单分析会，分析全行报告期客户投诉、客户咨询及客户建议情况。对于好的建议要予以采纳，对于客户点赞和表扬的项目内容要持之以恒地坚持，并在全行推广。针对客户集中投诉的热点与焦点问题，结合业务条线和分支机构调研情况，进行重点剖析，挖掘背后深层次原因，责成相关部门切实解决问题，并形成月度或季度分析报告报董事会审阅。等到下一个报告期召开投诉工单分析会时再检查本报告期议定和拟解决的问题是否都解决了，如果没有解决，那么一问为什么？二问什么时候能够解决？定出时间表，并加以督办；然后再研究解决新问题。每一次投诉工单分析会都形成文字材料报董事会审阅。其中的经典案例可汇编成册印发分支机构学习借鉴，避免同样的问题重复发生。分支机构也要坚持一把手抓投诉工单分析工作，分析客户投诉，做好投诉即时处理。

（二）客户满意度指数调查

银行客户满意度评价常用方法有电话访问、柜台评价器点评、现场（线下）问卷采访、短信采访、线上问卷等方式。按测评成本和使用价值从高到低划分，可分为面对面访问、现场问卷调查、寄送问卷调查、电话采访、柜台评价器点评、短信采访、线上问卷调查及微信采访。

1. 客户满意度调查的起因

客户满意度指数调查始于20世纪80年代中期的欧美市场。从60年代开始，世界趋于和平，世界经济和服务业得到了快速发展，银行竞争激烈，开始意识到服务质量正变得越来越重要，必须通过提高服务水平留住老客户和吸引新客户才能在竞争中生存下来。于是商业银行都把目光投向了客户，想知道客户在想什么、关心什么、需要什么。于是，客户满意度指数研究与问卷调查便时兴起来。进入21世纪以来，随着商业银行股改上市，竞争日益激烈，客户满意度指数调查逐渐得到了商业银行的重视。

2. 调查问卷的指标项设置

客户满意度指数一般设一个"综合满意度"，下设"银行服务"与"银行产品"两个二级栏目，在"银行服务"项下又设"服务环境"、"服务态度"、"服务质量"、"服务效率"、"服务信息"、"服务公平"、"售后服务"、"投诉处理"8个三级栏目；在"银行产品"项下又设"信贷产品"、"信用卡"、"理财产品"、"贵金属投资"、"网上银行"、"手机银行"、"电话银行"、"自助银行"、"微信银行"、"直销银行"、"电视银行"、"电商平台"12个三级栏目（客户满意度指数项目体系见附件1，调查问卷见附件2）。收集起来的问卷应专夹保管，并指定专人和聘请专家对问卷结果进行分析，撰写问卷调查报告报总部服务工作委员会或银行服务系统工程领导小组审阅，若有重大发现或重大问题向董事会汇报。银行网点独立开展的问卷调查，其结果报网点行长一把手审阅。

3. 调查问卷的用途

调查问卷报送总部决策层审批后，则把问卷各指标项分解到各相关职能部门。据此，一是对业务发展做偏离度修正。二是研发新产品。三是优势保持，短板加长。四是针对不同群体跟进差异化服务。

（三）工单分析和客户满意度指数调查的功效作用

一是通过客户的业务咨询和建议发现挖掘客户需求，针对性研发新产品。

二是根据客户投诉，发现服务工作中的短板或问题，及时加以改进，挽留客户。

三是澄清事实，消除误会，化解矛盾，防范和化解声誉风险。

四是增强与消费者的沟通了解，防范和化解矛盾于未然。

五是可以用满意度调查指数的有关数据向潜在客户做有的放矢的服务营销。

六是便于总行监控所辖分支机构服务品质状态，适时、有针对性地对分支机构进行指导。

银行网点如有志创建中国银行业"百佳"单位、中国银行业"千佳"单位和星级网点，可以自己主动开展投诉工单分析和客户满意度指数调查，也可以借助第三方开展工作。

六、技术与人才保障

技术与人才保障是指在服务推进中始终有先进的IT技术、互联网信息技术支撑和人才保障。技术力量强的商业银行还应引进大数据和云计算，支持业务部门更加精细地了解和掌握客户的消费行为、消费偏好、消费习惯等个性化特点，从而提供私人定制服务。人才保障要求一家银行各专业条线都要有大批持有相关工作从业资格的人才，如银行人员从业资格、银行业理财资格，工程师、会计师、经济师、理财师、证券分析师、金融分析师、保险分析师、AFP、CFP、PFP等。对定岗定责的岗位应有相应能力和资质的人才保障。

七、执行力

执行力是指一个团队对已确定的长远战略规划和短期工作计划贯彻落实到位的能力。工作目标确定后，团队应用尽一切办法，一步一步地认真推进。例如，每个网点都有年度工作计划，网点就应将年度工作计划分解成12个月度工作计划；而每个月度工作计划又应分解为每周工作计划，逐个星期向前推进。同时建立督办机制，督促各项工作不断向前。若有未完成的情况，则应写明原因与接下来的计划完成时间等。

八、考核激励

服务工作的考核激励必须到位，这是服务工作的发动机所在。即将品牌（如文明规范服务示范单位创建评选、优秀智能银行、优秀特色网点等）建设服务工作纳入系统绩效考核体系及激励机制。制定服务考评制度，定期组织开展服务测评、表彰、总结。将考核机制纳入银行金融机构年度综合考核办法中，并明确服务管理考核的指标项和权重。

第九节 银行网点服务引领社会文明进步

银行做好服务不仅仅是内部追求的目标，还可引领社会文明进步，为自身发展营造一个良好的金融生态环境。这个过程也是银行树立良好社会品牌和口碑的过程。经过不断努力，银行员工付出了汗水，收获了赞誉。

一、银行业社会满意度持续上升

近年来，商业银行大抓文明规范服务，2015年中国银行业协会又升级、推广实施了《CBSS1000 2.0》等行业规范。比较而言，该评价体系更加精细化、人性化、智能化和网络化。中国银行业协会持续打造中国银行业"百佳"单位、中国银行业"千佳"单位和五星级网点等行业服务品牌建设，并深化星级网点创建工作，开展了四星级网点和三星级网点的打造，拓宽了品牌渠道，其巨大的示范作用引领着各银行网点进行智能化改造和达标对标活动，得到了广大消费者的信任、肯定和赞誉。鉴于此，全行业社会满意度持续上升，据银率网独立测评，商业银行整体满意度2011年、2012年、2013年、2014年、2015年分别为65.00分、72.13分、72.30分、76.93分和84.29分。尤其是2015年整体满意度同比提高了7.36分，比五年前提高了19.29分（见下图）。

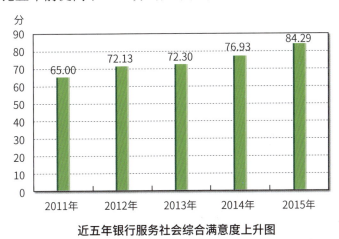

近五年银行服务社会综合满意度上升图

手机银行、网上银行、电话银行等各单项满意度近年来也持续提升，2015年也得到大幅提升（见下表）。

2011～2015年银行业社会满意度单项得分表

单位：分

项目	2011年	2012年	2013年	2014年	2015年
手机银行	64.90	80.72	81.24	83.41	88.28
网上银行	57.84	76.05	81.29	80.43	86.60
电话银行	76.11	73.25	78.35	77.69	86.22

二、银行消费者满意度指数上升

2015年第一季度，中国消费者协会组织开展了2014年度中国银行业消费者满意度测评活动，结果显示，中国银行业消费者满意指数（CCSI）得分为80.38分（满分100），比中国消费者协会2009年的测评结果提高了10.39分。这表明，近年来银行业采取的有关提高服务质量、加强服务管理、完善服务设施等举措，取得了一定成效。

近年来，行业文明规范服务还引领了全社会的文明进步，获得了社会的好评。有一年的"两会"期间，《金融时报》采访了全国人大代表、一位省会城市市长。这位市长表示：政府服务要向银行学习。2014年，珠海免税区负责人带领广大中层干部来到珠海交通银行的一家中国银行业"百佳"单位，学习其文明规范优质服务。

三、残障服务荣获国家表彰

持续推进银行服务无障碍建设，近三年来，银行建设服务无障碍网点达50 000多个，大量增设了银行网点无障碍坡道、爱心窗口、无障碍服务机具。2015年，兴业银行还推出了我国首批盲人取款机。中国残联吕世明副主席专程到建设银行网点现场体验无障碍服务（见下左图），中国盲人协会李伟洪主席到兴业银行网点现场体验了盲人取款机服务（见下右图）。

本人亲自陪同北京市东城区盲人协会主席陈燕女士带着导盲犬珍妮走进由陈女士自选的银行网点工商银行网点和浦发银行网点，愉悦地体验了无障碍服务（见下图）。

在工商银行网点　　　　　　　　　　　在浦发银行网点

　　由于银行无障碍建设的大力推进，给广大残障朋友带来了方便，获得了社会各界好评。在"2013年度银行业百佳颁奖大典暨银行业服务改进报告发布会"上，中国残联吕世明副主席等向中国银行业协会颁发奖牌，奖牌上书写"弘扬人道　服务至上　消除障碍　促进融合"，以表彰行业多年来在关爱残障人士、为残障人士提供的无障碍和公平的服务。

　　由于中国银行业为残障等特殊人士多年来提供了文明规范、优质公平的服务，2014年"第五届全国自强模范暨助残先进集体和个人表彰大会"在人民大会堂举行，中国银行业协会代表全行业获得了"全国助残先进集体"的光荣称号。表彰大会有4位政治局常委出席，表彰大会上，对包括中国银行业协会在内的全国百个"先进集体"颁发了金牌。

第二章　服务提升银行网点竞争力

　　银行网点对于一家银行来说就是根和须，任何一家大型商业银行都是由若干个基层银行网点所支撑。换句话说，全行业4 200多个法人机构，其盈利主要还是来自22.4万多个营业网点。银行网点的竞争力来自何方？服务，只有通过文明、规范、优质的服务，银行网点才能保持持续不断的市场竞争力。

第一节 **"以客户为中心"做好消费者权益保护工作**

　　服务与消费者权益保护就像一个苹果，消费者权益保护就是果核，服务就像苹果肉一样紧紧把果核围绕在中间（见下图）。

一、监管八项禁止性规定保护消费者权益

　　2013年8月30日，中国银监会发布了《银行业消费者权益保护工作指引》（以下简称《指引》），在银行业消费者权益保护"行为准则"方面，实行了八项禁止性规定：

　　（一）在知情选择权方面，不得在推销产品和服务过程中以任何方式隐瞒风险、夸大收益，或者进行强制性交易。

　　（二）在公平交易权方面，不得在格式合同和协议文本中出现误导、欺诈等侵害银行业消费者合法权益的条款。

　　（三）在产品销售与风险匹配方面，不得主动提供与银行业消费者风险承受能力不相符合的产品和服务。

　　（四）在个人金融信息隐私安全方面，不得在未经银行业消费者授权或同意的情况下向第三方提供个人金融信息。

　　（五）对于自营和代销产品，不得混淆、模糊两者性质，向银行业消费者误导销售金融产品。

　　（六）关于金融服务收费，不得随意增加收费项目或提高收费标准。

（七）关于合理安排柜面窗口、缩减等候时间等服务便利性，不得无故拒绝银行业消费者合理的服务需求。

（八）关于残障人士金融需求，不得在服务中有歧视性行为。

《指引》从监管的角度对以上八个方面进行了严格规范，解决了制度层面的问题，为服务工作的核心打下了牢固的基础。

二、银行建立消费者权益保护工作考核评价体系

商业银行层面如何抓消保工作？《指引》就消费者权益保护第三章"制度保障"第二十六条规定：银行业金融机构应当制定银行业消费者权益保护工作考核评价体系，并将考评结果纳入机构内部综合考核评价指标体系当中。银行业金融机构可以委托社会中介机构对其银行业消费者权益保护工作情况进行定期评估，提高银行业消费者权益保护工作的有效性。这要求商业银行从自身做起，进一步强化消保工作，使之制度化、常规化，把牢银行服务基础。

2015年"3·15"晚会披露记者拿着一张从网上买的身份证，到了四家大型银行开办身份证，结果只有一家银行未给办理，其他三家顺利办成。这说明在客户识别方面还需要进行技术革新和强化责任意识。

三、监管部门金融机构消费者权益保护工作评估体系

《指引》就消费者权益保护第四章"监督管理"第三十五条规定：中国银监会及派出机构应当充分了解、核实银行业金融机构消费者权益保护体制建设情况、工作开展情况和实际效果；建立健全银行业金融机构消费者权益保护工作评估体系，并将考评结果纳入监管综合考评体系，与市场准入、非现场监管、现场检查等监管措施形成联动，督促银行业金融机构履行银行业消费者权益保护工作的主要责任。

2014年8月7日，中国银监会正式下发了《中国银监会关于印发银行业金融机构消费者权益保护工作考核评价办法的通知》（银监发〔2014〕37号），提出了金融机构消费者权益保护工作的五个维度：制度体系、制度执行、工作有效性、内部考核与重点问题；四个等级：90分以上一级、（75，90）为二级、（60，75）为三级、60分以下者为四级。一级领先，

二级关注，三级监管部门发出风险提示与通报，四级采取监管措施。各地银监局已从2014年第四季度陆续展开了相关评级工作。

这意味着金融机构消费者权益保护工作有了刚性要求，银行网点应积极响应和严格遵守，这是做好服务的基石。

四、银行服务收费相关政策把握

银行服务收费事关金融机构消费者权益保护工作。发展改革委自2013年10月到2014年底，对各类商业银行的150家分支机构进行了检查，实施经济制裁15.85亿元。同时，与中国银监会共同督促各商业银行整顿、规范服务收费行为。2015年以来，发展改革委又在全国展开了银行服务收费检查工作。

关于银行服务收费问题，《中国银监会关于整治银行业金融机构不规范经营的通知》（银监发〔2012〕3号文件）明确提出服务收费的四项原则：合规收费、以质定价、公开透明、减费让利。这些原则应该遵守，这也是金融机构消费者权益保护工作的重要内容。

发展改革委在对银行服务收费检查中重点检查的项目是：融资服务顾问费、财务顾问服务费、贷款承诺服务费、工程造价咨询费、贷款抵押登记费等。本人也有幸与发展改革委同志探讨过，他们并不是反对对这些项目收费，他们关注的内容：一是只收费不服务或少服务；二是服务收费无合同或合同记载不清；三是服务无记录；四是收费手续不全等。因此，银行服务收费一定要坚持"有需求、有合同、有服务、有记录"的"四有"原则。

第二节 "以客户为中心"改进服务制度

"以客户为中心"不是一句空话，要体现在思想上和服务行为中。而规范服务行为的是服务制度。所以，要把"以客户为中心"落到实处，需要首先梳理服务制度。

一、审视服务制度

我国银行制度是从计划经济时代延续下来的，在一些规定上难免还留有"以我为中心"的影子。

CCTV财经频道2013年7月27日报道了上海一家银行ATM吞钱与"多吐钱"的事。一位客户来到某银行ATM上存钱，由于操作不当钱被机器吞了。客户着急了，拿起客服电话便请求帮助，客服人员在电话中告诉客户，"不要着急，过上三五天支行把账款核对清楚了，确认是您的钱款后会通知您来领取的，请您放心。"客户当然还是着急，便又打一遍客服电话，说银行ATM多吐出了3 000元钱。不久支行长带着工作人员就赶到了。

在这个案例中，银行工作人员按规定做，银行制度要求很严，这本身没有错。只是这个规定没有能体现出"以客户为中心"的思想，还延续了计划经济时代以"银行为中心"的做法。类似这样的制度规定就应该重新修订，把"以客户为中心"的思想真正落实到制度上。

二、帮客户所帮

与上面的案例完全不一样的另一个案例发生在山西临汾地区。一天深夜1点左右，中国建设银行李红英在监控中心值班，发现华门支行有个客户把卡遗落在自动取款机上，便告之住家最近的赵行长："赵行长您好，不好意思，打扰您了，有一位客户将银行卡遗忘在ATM上了，我担心卡被别人拿走，给客户造成损失，只好麻烦您了！"。赵行长忙叫上丈夫，"走，赶紧陪我拿卡去！"这才叫"以客户为中心"，想客户所想，帮客户所帮。

由此案例可以引发一点服务随想。客户被吞卡或把卡遗忘在ATM等自助设施中的现象时有发生，可设计几套方案来解决客户之忧。

第一步，在一个分行内部的网点之间建立信息共享、互动互帮的机制，互相通知对方客户，或由分行后台统一通知客户到网点取卡。

第二步，在一家商业银行的全行范围内建立相同原理的互动互帮机制，解决全国往来客户遗忘卡等物品领取问题。若是外地客户，网点可以邮寄给客户。

第三步，商业银行跨行建立互动互帮机制，解决跨行客户遗忘卡等物品领取问题。

这些方案在技术上已经没有问题，只存在如何做的问题。看似麻烦事，实则是走近客户、提升服务质量的好途径。

第三节 "以客户为中心"优化服务流程

流程优化与否事关服务效率的高低。如何优化网点服务流程？本节将作详细探讨。

一、服务流程优化原则

服务流程的顺畅与否直接关系到服务效率的高低。从客户需求来看，业务办理的时间要短、要便捷。这就要求银行前台服务在风险可控的前提下要尽量简便，让客户做的事情尽量少，柜员操作尽量简单；而把复核、轧账、事后监督、账务整理等事项放在中台处理；账务核算、业务数据运行等放在后台，由强大的计算中心运算处理。彻底实现前台、中台、后台分离。流程优化过程中可遵循以下原则：风险业务授权化、复杂业务简单化、简单业务自助化、疑难问题柜台化。

二、营业网点服务物理流程

银行网点服务流程长短、顺畅与否、便捷与否直接关系到服务效率。流程可分解为客户流程和银行流程。客户流程主要指客户来银行办业务的过程，这个过程要尽量让客户感到方便、清晰、流畅、快捷、舒适、满意。客户来银行网点的途径无非是开车、骑车（包括轮椅）、步行三种。因此，这个流程就应从银行网点的外部环境开始做起。

营业大厅外部门楣标牌设置要醒目，让客户一眼便认出是哪一家银行。形象标识制作统一规范，且清洁、无污渍、无破损。银行网点名称牌、营业时间牌、外币兑换标识等制作规范、清洁、无污渍、无破损，有中英文对照。营业大厅外部管辖区域内环境整洁，无安全隐患、无卫生死角、无杂物摆放，网点外墙、门窗、台阶、地面无损毁，无乱喷涂，无乱张贴，无污渍。营业大厅外为客户提供机动车停车位，结合当地实际情况设置非机动车专用停车区域或无障碍停车位，标识醒目。营业大厅外或自助银行外设置无障碍通道等功能服务设施，并公示求助电话或设置呼叫按钮，标识醒目，无安全隐患，通行顺畅，便于使用；无障碍通道坡度小于30度；求助电话或呼叫按钮响应及时（如下图所示）。若门前无条件设置机动车停车位的，可向附近公共停车场租赁一些停车位供客户使用。若门前无台阶，室内与室外同在一个平面上，则也要在大门相应处张贴残障通道标识和求助电话等，方便残障朋友使用。大门外设置"导盲犬可入"等标牌。这些在《CBSS1000 2.0》已有明确规定。

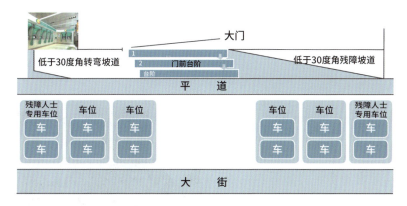

营业大厅内要求各服务功能划分清晰，服务流程顺畅，方便客户到达办理业务相应的区域。网点内部基本布局详见下图。

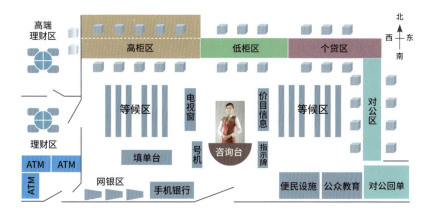

客户走进营业大厅，迎面看见的是大堂咨询引导台，3 米之内能听见大堂经理亲切的问候声。左边取号机，右边指示牌。通过指示牌便能知晓各服务功能方位。左（西）半区是个金服务区，右（东）半区是对公服务区。大堂咨询引导台正对大门，起到了玄关的作用（玄关一般设在进门2~3米的地方。连家装都需讲究私密性，银行内部布局更得讲究私密性）。出于安全考虑，高柜区一般不正对大门。填单台放置于取号机西侧，便于客户取完号后尽快填单。网银区、电商区及手机银行体验区等可顺南墙置放。自助银行置于西南角上，便于24小时提供服务，同时也便于白天客户(包括残障朋友)通过自助银行区到营业大厅办理业务。高端理财则要与高柜区连接，便于与高柜现金区对接。等候区的座椅不正对高柜区，而是侧向高柜区，面向电视窗。电视窗可滚动播放服务价格目录、产品信息、公众教育、风险提示及防诈骗等内容，这样可缓解客户等候时的焦虑情绪。

右面的图片是我走访网点时偶然拍下的。等候区座椅朝向高柜区，等候的第一位客户都在神情专注地看着员工办业务，一位女士站起来着急地看着柜台，还有一位男士已走到了正在柜台办业务的女士后面。女士办业务存在隐私和安全隐患。同时易引发客户抱怨与投诉，客户满意度会下降。

网点二层若有私人银行服务，则在装修时可考虑私人银行现金服务流程。即可在二层私人银行与一层高柜之间设计一个现金升降通道。既有效满足了私人银行客户的现金业务需求，又缩短了服务流程，提高了效率，客户体验良好，满意度上升。同时，减少在私人银行区重复设置现金高柜，节约了成本和人力资源。（见下左图）。

若贵宾理财在一层，低柜理财人员是不能接触现金的，若要解决客户现金业务需要怎么办？可考虑做一穿墙式传送筒，理财人员让客户把钱款或凭证放入筒内，通过穿墙式通道将其传送到现金高柜区，待其传送回来，理财人员把传送筒打开，由客户自己取走相关凭证或钱款。既实现了流程创新，还不违规。全过程双向都应有录像监控（见下右图）。

东边对公区的布局与西边个金服务区原理大致一样。多数网点仍设回单箱。有的网点设置回单自助打印台，让对公客户根据需要自助打印回单。

随着科技的进步和各行在IT方面投入加大，2015年网点流程改造又被向前推进了一大步。如，中国建设银行的智慧银行，大堂引导台集区域分布图、取号机、电子填单台等功能为一体。客户只需要把第二代身份证放上一放，再自助选择交易的项目，这些信息便被传送到柜台员工操作电脑里了，客户来到柜台只需签字确认便办完业务了（见下图）。

三、客户调查反映的流程问题

银行服务流程是与客户需求相适应的，也是与生产力发展相适应的。20世纪80年代仍是手工操作，银行网点柜台劳动组合为会计、出纳加复核，需三人临柜。客户存款流程为：出纳先收款—会计后记账—复核查验钱款与收款凭证，退一联回单给客户。取款流程：会计先记账—出纳后配款—复核查验钱款与付款凭证，付款给客户。随着市场经济的发展，人们提出了时间就是金钱的理念，要求银行服务要讲求效率。这也助推了银行科技革新，大量使用微机、电脑，用键盘代替了算盘。服务流程也进行了改进，由三人临柜改成了单人临柜。所以，银行服务流程不是一成不变的，需要在经济生活中不断加以完善。

银行要想提高服务质量和竞争能力，就应多做市场调查和客户访问，在服务流程上多下工夫。目前银行网点服务流程尚有完善空间。银率网2015年对个人贷款满意度进行了市场调查，八成以上用户对个贷服务满意，不满意的是贷款审批流程慢，其次是服务方面所需资料繁琐（见下图）。

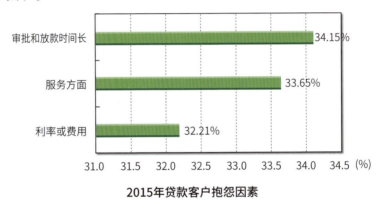

2015年贷款客户抱怨因素

贷款审批流程慢和所需资料繁琐仍然是客户办理贷款业务时最苦恼的问题。而贷后服务流程同样需要健全与完善。在贷后服务中，客户特别需要扣款短信提醒，其次是利率变更通知。

第四节 "以客户为中心"丰富服务渠道

以客户为中心，不断丰富银行网点服务渠道是提高银行服务水平和增强竞争能力的一个重要条件。以物理网点为支撑，发展自助银行、电子银行、移动金融、互联网金融就成了必然选择。即银行网点服务渠道=银行柜台+（自助银行+电子银行+移动金融+智能银行+互联网金融…）。

一、改进网点柜面服务

网点柜面服务是网点服务的基础，随着科技的发展和银行自动化程度的提高，网点柜面服务功能也在发生变化。即由过去的100%由柜台办理变成现在平均77.76%是离柜办理。从柜面办理的业务来看，还有改善余地。据2015年中国消费者协会对消费者满意度调查发现，排队时间长、窗口少、服务态度差、网点少不方便、ATM故障多等问题仍存在（见下图）。

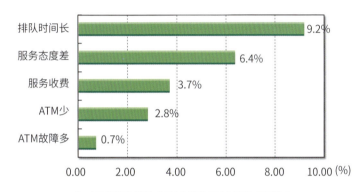

2015年中国消费者协会调查银行网点服务问题图

针对这些问题，采取什么办法来加以解决？我们不妨从银行柜台业务功能使用情况来分析，看看能否找到挖潜的途径。根据中国银行业协会已公布的数据显示，银行网点柜台业务占比最高的是业务开通和撤销，第二为办卡，第三为转账汇款，第四为购买理财产品（见下图）。

2015年网点柜台业务比例图

从图中可看出，除了业务开通和撤销功能外，其他的业务均有潜力可挖。可以将办卡和购买理财产品引导到在智能机具上办理，将转账汇款和查询分流到通过网上银行或自助银行办理，将其他业务中的缴费业务完全自助化。以上这些在大厅或自助银行多摆上一两台自助缴费机便解决问题了。同时增加弹性窗口，视客户量大小灵活调剂服务窗口。这样就可大大减少客户排队等候时间，提高客户满意度。

服务态度差的问题可以一方面通过组织员工学习培训，另一方面通过强化服务绩效考核来解决。

服务收费是近年来的一个焦点问题。2015年4月17日，李克强总理考察了国家开发银行和中国工商银行。他表示，小微企业是就业的容纳器，支持小微企业，破解小微企业融资难、融资贵，直接关乎"就业"这个民生之本。他提出，要进一步减少服务收费项目，"能不收的尽量不收。"自李总理考察两家银行后，各商业银行纷纷开始减费让利。目前所要做的就是按照《CBSS1000 2.0》标准要求，在营业厅、理财服务区、私人银行等服务区显著位置通过各种方式，向客户公示本区域常用服务价格及免费服务项目表。做到标识醒目、中英文对照、字体清晰，便于查阅。在营业厅内显著位置摆放本系统全部服务价格目录册，包括对私服务、对公服务、收费项目、免费项目，及时更新，方便客户查阅。若有服务价格变动应及时在营业厅显著位置公告，并明确生效日期。在办理收费业务时，员工应提前告知客户服务项目和收费标准，充分尊重客户的知情权；实际收取的服务价格与公告相符。客户明确表示不接受相关服务价格的，不得强制客户接受服务，充分尊重客户的选择权。这样做，从形式上看解决的是信息不对称问题，而实际上解决的是对客户以诚相待问题，客户自然愿意并放心把钱财交给银行打理。

二、加大自助银行改造

中国消费者协会所做的消费者满意度调查，有3.5%的受访者反映ATM少且故障多。2015年我国银行业拥有自助设备82.88万台，其中新增10.13万台，同比增长13.92%。不过，与发达国家比较，人均拥有量还是少。美国拥有ATM42.5万多台，平均每台ATM服务750人。日本拥有ATM11万多台，平均每台ATM服务1 136人。我国ATM平均每台服务1 568人，尤其在县域及乡村ATM确实还需加大布放。

消费者所反映的故障问题多数出于离行式自助银行或穿墙式自动存取款机，其中部分机具已老化。本人在一些网点ATM上进行信用卡还款操作，七成新的纸币存进去又被吐出来，再存入，循环往返多次才能完成操作，这就影响服务效率。老化的设备应更新换代，同时应加大投放力度。因为如前所述的，为了减少客户排队时间，柜面的大量业务要分流到自助银行、自助设备上来办理。《CBSS1000 2.0》中第四十五条要求"自助服务区配备3台（含）以上具备存取款功能的自助机具（其中至少有一台为存取款一体机），1台（含）以上具有缴费、补登折、打印发票、自助发卡等至少一种功能的自助机具，摆放合理"。其实这也只是一个基本要求。一些中国银行业"百佳"单位、中国银行业"千佳"单位已在大胆进行劳动组合创新和网点业态变革。国内一家银行网点内布放ATM自助设备最多的一个网点是中国银行业"千佳"单位——中国工商银行北京广安门支行营业室，共配备36台自助设备。这里诞生了自助银行岛，它由6台ATM背靠背地组成，在营业大厅里有三个自助银行岛（见下左图）。有的网点开始大量布放冠字号ATM。这样可以提供精准的存取款票面服务和有效解决ATM出假币的纷争。如交通银行江苏泰州分行营业部都换上了带冠字号的ATM（见下右图）。

有的银行网点还对自助银行进行改造，置放了VTM，既可解决客户的结算支付需求，又可满足客户现金业务需要，基本就是一个无人柜台（见右图）。

通过强化ATM运行监测、适时维护以及加大投放力度，可以大大方便客户，提高效率，同时还有利于提升银行卡发行量。

改进自助银行价格公示形式。目前多数网点是在自助银行内墙上公示服务价格，但字体小，离ATM稍远了点。这在历届中国银行业"百佳"单位、中国银行业"千佳"单位、星级网点创建评选中都是一个扣分点。人性化的做法，一是在ATM屏幕上公示服务收费价格，可统一列表显示，也可在客户操作业务过程中适时提示服务收费价格。二是在每一台ATM旁边将客户常用的十余种业务收费与免费情况列表公示。《CBSS1000 2.0》第五十四条已写得很清楚了。

三、强化电话银行服务功能

电话银行是使用计算机电话集成技术，采用电话自动语音和人工座席等服务方式为客户提供金融服务的一种银行服务。电话银行通过电话

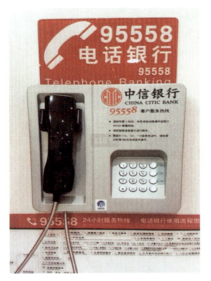

这种现代化的通信工具使用户与银行紧密相连，用户不必到银行柜台，无论何时何地，只要通过拨通电话银行的电话号码，就能够享受电话银行提供的银行服务。

目前电话银行服务功能有以下几种：

1. 查询及自助服务。可查询账户余额及明细、金融信息查询、缴费支付、转账汇款、存款与理财业务及其他。

2. 人工服务。可提供余额查询、网上银行、手机银行、信用卡业务、挂失、理财服务、业务咨询、企业服务、

理财身份核实、投诉建议等。

3.转账、银券服务、代收代付、个人支票保付等。

4.挂失。可按卡号、账号挂失，可按身份证挂失，可按转介质挂失。

5.缴费。可代缴水费、燃气费、部分通讯费。

6.企业服务。可为企业提供账户查询与传真服务、转账、票据业务、余额变动提醒、小微企业融资服务等。

7.信用卡服务。可查询余额及应还款账单、信用卡挂失、额度调整及分期付款、电话银行密码修改、积分服务及客户服务设置等。

8.特色及漫游服务。特色服务可做个人贷款信息查询，漫游可做内地漫游和海外漫游。

9.我的快捷菜单。即客户可把自己常用的业务归集放置到一个菜单上，使用快捷方便。

10.投诉建议。

除了上述功能外，电话银行应继续拓展服务功能。

外汇买卖服务：为客户提供集查询与交易于一体的外汇买卖服务。交易币种可为美元、港元、英镑、欧元、日元、加拿大元、澳大利亚元、瑞士法郎、新加坡元等币种，交易种类可做即时买卖、获利挂单、止损挂单、撤销挂单等方式。

贵金属买卖服务：为客户提供贵金属的查询、交易。查询提供即时交易查询、当日成交明细查询、历史成交明细查询、当日挂单查询、逐笔挂单查询等。

基金交易服务：为客户提供基金的查询、交易、变更分红方式、登记基金账号、基金转换等。可查询账户余额、基金净值、历史成交、当日交易明细、历史交易记录等。

银证转账服务：包括第三方存管和B股银证转账，支持沪、深A股资金账户和保证金账户之间以及B股资金账户与保证金账户间的资金互转，并且提供相关账户查询。

银期转账：支持资金账户与期货保证金账户之间的资金互转，资金账户和保证金账户查询。

理财服务：提供周期性理财产品及非周期性理财产品交易、产品信息查询、周期性系列查询、历史交易查询、持仓信息查询、周期性协议信息查询等服务。

企业年金服务：为客户已参加的企业年金计划的客户提供年金信息查询服务，包括账户资产查询、缴费信息查询、投资信息查询、修改密码等服务。

国债：对开立了债券托管账户的客户，可提供国债余额、交易明细等信息查询服务。

此外，还可拓展信托业务、资产管理业务及其他金融业务咨询、交易、相关信息查询等。

总之，要让境内外的个人客户或企业客户足不出户就可以通过电话银行办理从查询、转账、汇款、缴费到证券、外汇、基金等一系列业务，享受贴身、值得信赖的金融服务。

四、大力发展银行互联网金融

2015年3月22日，新闻联播首次头条报道互联网金融，题为《互联网金融加出融资高效率》："用技术打破信息壁垒、以数据跟踪信用记录，互联网技术优势正在冲破金融领域的种种信息壁垒，互联网思维正在改写着金融业竞争的格局。互联网+金融的实践，正在让越来越多的企业和百姓享受更高效的金融服务。用融资服务吸引商户，再通过对商户的资金流、商品流、信息流等大数据的分析，为这些中小企业提供灵活的线上融资服务，提高用户粘度的同时，也节约了银行自身的运营成本。"当下的互联网对银行冲击不可谓小。2015年第三季度末，网上支付业务82.12亿笔，金额达432.81万亿元，同比分别增长15.95%和18.39%。就连《政府工作报告》都多次反复提起并力推互联网。李克强总理说：站在"互联网+"的风口上顺势而为，会使中国经济飞起来。互联网金融，实质上就是互联网+金融，也就是互联网技术与金融服务的融合。对此，监管部门的意见是：一方面要看到它的发展，另一方面也要看到它的风险，去规范它的发展。这也可以说是支持它的发展。中国时下互联网金融的蓬勃兴起不同于以往，20世纪的科技变革主要体现在算盘变键盘，电脑代替人脑，并没有改变银行的业态。而今天的互联网金融则是借助云计算、大数据、社交网络等优势，从信息流、物流、资金流延伸至银行支付、融资等核心领域，打破了传统的金融行业界限和竞争格局，对银行经营模式和管理模式带来了较大冲击与挑战，主要表现在以下两个方面。

（一）挑战

1. 对支付业务的挑战。银行一直以来都是充当着社会支付中介的角色。随着客户对支付便捷性需求的上升，以互联网支付为代表的第三方支付应运而生并迅猛发展。2015年，我国互联网支付规模达到49.48万亿元，已超过银行卡消费总额（49.28万亿元）。预计到2016年，互联网支付市场整体交易规模将突破60万亿元。无论用户数、交易笔数还是交易金额均领先全球。

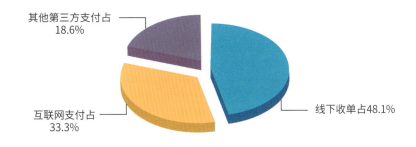

2015年互联网支付三分天下

2. 对融资业务的挑战。近年来，互联网机构不断进军融资业务，如小贷、P2P与众筹等。其中，P2P是一种基于互联网个人对个人的借贷模式，众筹则是一种通过网络向大众募集项目股本金的融资模式。2015年，我国各类正常经营的网贷机构达2 612家，撮合达成融资余额达4 000多亿元，占我国银行业融资规模的4.23‰。互联网融资中发展比较好的"阿里小额贷款"，其客户已过千万户。在审批机制上，互联网融资依托云计算技术将众多信息点汇聚为几项关键指标，建立起标准化的在线批量审批模式，促进了审批效率的有效提升。"阿里小额贷款"每天可审批贷款8 000笔，京东最短在3分钟内即可完成从申请到放款的全流程。

3. 对存款业务的挑战。这可能是目前互联网金融对商业银行带来的最为直接的现实冲击。随着互联网平台客户流量和沉淀资金规模的不断增加，互联网金融的业务触角正逐步向代理基金、余额理财等领域拓展，对商业银行基础性存款的分流压力越来越大。以天弘基金披露的数据显示，2015年末，"余额宝"资金规模已达6 207亿元，用户数量已达2.6亿元，比2014年增长了42%。对银行活期存款以及部分定期存款形成了强大的竞争态势。

4. 对信息资源的挑战。过去说银行是经济社会的"晴雨表"，因为银行掌握着经济社会的数据。现在改变了，互联网企业同样掌握了商户和消费者的大量经营、消费等核心信息资源，并运用大数据技术从这些信息中挖掘出大量的交易机会。由于客户网上搜索、在线沟通、支付交易等一系列行为都要经过电商平台和即时通信系统，商户和消费者的注册信息、交易记录、社交关系乃至商品浏览时间等结构化和非结构化数据都可以被电商企业获取，并逐步形成客户信息的排他性从而占有优势。这更对银行信息中心功能形成强大挑战。

5. 对银行业态的挑战。商业银行以物理网点为主，互联网不用物理网点，而是虚拟网点（如微众银行等）。这种网上银行就比物理网点的成本低廉，而且方便灵活、服务效率高，吸引着众多中青年客户。客户和业务被分流，对物理网点形成强大压力，甚至对物理网点的存在带来了冲击。网点转型升级已成为业务人士的共识。

（二）用互联网促进网点变革

1. 打造具有金融服务特色的电商"平台"。这是把控住商品流、信息流、资金流的一个重要选择，也是商业银行转型成为"金融＋信息"服务提供商的基础建设。随着人们社会交往、消费方式等互联网化以及更多传统企业向电商或半电商企业转型，商业银行需要打造一个开放型、综合化的金融平台，将各个节点、企业和个人的交易信息、金融信息、物流信息等在内的所有信息储存在这个平台上，形成一个个集成电路板一样纵横交错的信息网，再经过大数据处理和数学建模分析，从中发现市场机会。目前商业银行都纷纷建立电商平台，如工商银行"融e购"电商平台、建行的善融商务、交行的交博汇等。

2. 让"数据"强化服务功能。未来，一家优秀的银行应该是具备强大数据分析、数据解读能力的银行，从数据中洞悉商机，获取价值。相比互联网企业，商业银行的交易数据和账户信息范围更广、历史更长，数据的潜在价值也更大。据工信部披露，截至2015年6月底，固定宽带接入用户累计达到2.1亿户。五年来固定互联网宽带用户数的增长情况见下图：

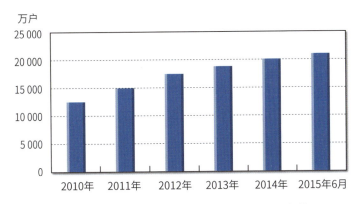

2010～2015年固定互联网宽带接入用户数

商业银行应充分利用数据资源，在不断丰富结构化和非结构化数据的基础上，加快提高数据增值应用能力，加大对各类数据深层次、多维度的挖掘分析，使数据真正成为提高竞争力和经济价值的生产要素。比如，在客户关系管理上，通过准确掌握客户的账户关系、社会关系和线上线下行为习惯，洞察客户金融行为、风险偏好和消费模式，发掘客户已知甚至是潜在的金融需求，做到比客户更了解客户，比客户更懂得客户需求，实施精准化营销和个性化产品开发，从简单推销产品向深度经

营客户的转变，进而打造新的商业模式。再比如，在支持一线经营上，通过数据挖掘，通过主动推送信息告诉基层机构和员工要干的工作、进度如何，你维护的客户增加了多少、减少了多少，让一线人员能够及时掌握市场变化、客户变动情况，采取灵活的、有针对性的措施，提高服务营销能力和市场竞争能力。

3. 支付创新。商业银行应充分发挥自身金融服务专长，主动融入互联网金融生态变革大局，努力成为互联网金融创新的引领者。比如，在支付产品创新方面，可以借鉴互联网支付的思路，按照"小额讲便利、大额讲安全"的原则，设计开发相关产品，满足客户日益增多的便利支付需求。

4. 融资创新。银行可利用有牌照、资金优势，特别是互联网企业难以企及的风险管理技术、经验和人才的优势。针对客户迅速增长的网络融资需求，抓紧从制度、机制、流程等方面对现有融资产品进行互联网化改造，实现客户营销的精准化、业务审批的自动化以及风险控制的模型化，设计开发出更多的可以直接在线上办理、更贴合客户需求的产品。如，工商银行推出了基于客户真实消费的信用贷款产品——逸贷，只要客户一消费，就能触发办理贷款，资金瞬时到账，随借随还，操作非常方便。

5. 投资理财创新。应借鉴互联网理财"客户门槛低、操作更便捷、产品标准化"的理念，对现有投资理财产品进行电商化改造，改善操作和交易体验，开发针对"长尾"客户的低购买起点、高流动性的互联网专属便民理财产品，扩大普惠金融服务。更为重要的是发挥好银行专业优势，丰富账户交易类、贵金属等投资产品，满足客户投资、套利、避险等不同需求。

五、创新移动金融

移动金融是指使用移动智能终端及无线互联技术处理金融机构内部管理与对外产品和服务的一种金融服务模式。它是相对银行网点固定、柜台固定、终端固定、业务模式固定而言的。这里移动终端泛指以智能手机为代表的各类移动设备，如，目前广泛应用的智能手机、平板电脑和无线POS机等。据工信部统计，2015年1~5月，移动宽带(3G/4G)用户累计净增7 407.7万户，总数达到6.57亿户，在移动电话用户总数占比提升至50.8%，较上年末提高5.5个百分点。五年来移动宽带用户数增长情况见下图：

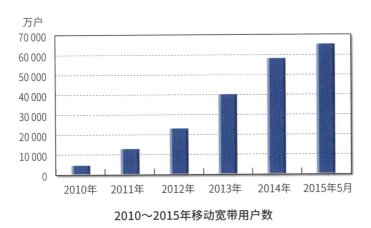

2010～2015年移动宽带用户数

另外，中国人民银行《2015年支付体系运行总体情况》报告显示，2015年移动支付业务为138.37亿笔，金额达108.22万亿元，同比分别增长205.86%和379.06%。同时，银行等金融机构也借助迅速崛起的移动社交工具发力，在移动端为用户提供贴心服务。比如招行的"微客服"微信公众账号日交互量多达15万次，提供的自助服务已经可以满足持卡人七成以上的需求，一些微信银行专属理财产品，出现了产品刚推出10分钟就被抢光的情形。

（一）发展移动金融是商业银行加快金融创新的需要

现代金融与传统金融的根本区别在于信息化和移动化的程度。而信息化与移动化又是衡量银行金融创新实践的一个重要标准。在移动终端拥有量与普及率超过电脑之后，大力开展移动金融创新已经成为商业银行必须要完成的任务，而发展移动金融正是促进银行业务移动化的有效途径。

发展移动金融反过来又促进金融创新，在移动金融业务大发展的基础上，又可实现多种金融业务的整合创新与经营方式的创新。

（二）发展移动金融紧跟时代步伐

在金融电子化以前，银行作为"坐商"，还能坐得住。随着移动互联网技术的发展，商业银行就应由"坐商"变"行商"。快速发展的移动通信技术，消除了距离和地域的限制，使得用户能够随时随地获得其所需的服务和信息，例如，进行大额消费、转账、账户信息查询、购买理财产品等。同时，还可以通过个性化定制技术，得到最适合自己需求的服务，实现公交、水电、话费充值一体化等多重功能，极大地方便了客户，实现了实时金融服务。事实上，移动金融发展的速度非常快。《中国银行业服务改进情况报告2015》显示，2015年，手机银行个人客户数达91 105.08万户，同比增长36.07%；企业客户数达39.05万户，同比增长145.60%；全年手机银行交易笔数和交易金额达到169.91亿笔和70.70万亿元，同比分别增长58.96%和122.75%。

为鼓励发展移动金融，2015年中国人民银行还专门印发了《关于推动移动金融技术创新健康发展的指导意见》，强调移动金融是丰富金融服务渠道、创新金融产品和服务模式、发展普惠金融的有效途径和方法。该指导意见表示，推动移动金融在各领域的广泛应用，有利于拓展金融业服务实体经济的深度和广度。该指导意见明确了移动金融技术创新健康发展的方向性原则，即遵循安全可控原则、秉承便民利民理念、坚持继承式创新发展、注重服务融合发展。同时，提出了推动移动金融技术创新健康发展的保障措施，增强移动金融安全可控能力，切实保障客户资金和信息安全。

（三）创新移动金融

目前，各家银行都在考虑将带有银联标识的个人信用卡添加到Apple Pay，以及iPad上，享受Apple Pay带来的快速安全的移动支付。同时，也在考虑创新其他手机支付、指纹支付、刷脸支付等。

六、推广直销银行

直销银行是借助互联网技术进行运作的一种新型银行服务模式。在这一经营模式下，银行不用通过发卡和存折，而是通过手机银行、网上银行、电子支付等银行服务营销方式，让客户自己办理存款、购买理财产品和基金、转账汇款、银行卡还款等。根据中国银行业协会披露的数据测算，在直销银行办理业务中存款业务占55%、理财业务占48%、购买基金占30%、转账汇款业务占24%、银行卡服务占21%、缴费业务占15%、其他业务占10%（见下图）。

2015年直销银行业务比例图

直销银行给客户带来的好处是方便快捷、更能为客户提供有竞争力的存贷款价格和更低的手续费率。

七、开拓微信银行

微信银行是借助移动互联网技术而创新出来的一种新型网上银行。其操作简便易行，客户只需关注银行微信公众号，并绑定银行卡，就可享受金融服务。其功能有支付、转账、理财、信用卡还款、生活缴费、微信红包、信息查询等。若客户想申请信用卡、贷款或

跨行资金归集，也可以在微信银行选择相应的菜单。之后，便会有银行客服人员主动联系办理。此外，还可进行银行服务预约。客户在微信上点击"网点查询和服务预约"的菜单并登录后，即可看到附近有哪些网点和这些网点目前的排队情况，方便客户选择排队最少的网点办理业务。

也可以说"微信银行"是手机银行的延伸，也是继网上银行、电话银行、手机银行之后又一种方便客户的金融服务渠道。它的特点是便利性，对于一些日常业务，客户可直接在"微信银行"中随时随地进行查询、咨询与办理。

2015年，微信银行迅速崛起，中国银行业协会《中国银行业服务改进情况报告2015》披露的数据显示，2015年个人客户达到7 679.14万亿元，新增4 639.81万户，同比增长152.66%；企业客户数22.86万户，新增10.26万户，同比增长81.43%。交易笔数和交易金额分别达到22 478.87万笔和3 174.49亿元。

八、强化两个中心职能

(一) 培训中心职能

未来，随着银行网点智能化自助化程度和业务技术含量的提高，培训客户和辅导客户使用智能设备办理业务的任务量自然会陡增，网点的培训中心职能自然就会凸显，从柜台上解放出来的部分员工就会放在大堂当大堂经理，做客户业务辅导师，手把手、耐心细致、不厌其烦地帮助和辅导客户学会使用各种智能设施、自助机具、互联网、移动银行及微信银行等。

而分流和引导的重点是普通大厅客户。因为这部分客户业务量小、业务相对简单和零星，而且人数众多，对网点的智能、自助设施、互联网、移动银行及微信银行等服务不熟悉的概率更高，需要现场工作人员给予一定的指导和帮助。同时，有的业务也需要现场工作人员对业务申请人进行身份审核。通过有效分流客户，可以很好地解决在前面"改进网点柜面服务"中提到的大厅客户报怨"排队时间长"的问题。

与此同时，员工通过客户的业务咨询和沟通，以及在帮助这些客户时便可与之建立良好的银客关系，更深入了解客户需求，进一步识别客户，服务营销客户，正确恰当引导金融消费，创造价值。

(二) 交流中心职能

对于零售条线，在分流普通大厅客户的同时，网点应想方设法，通过各种活动，如沙龙、讲座、鉴赏、展览、客户产品推介等，把中高端客户，尤其是高净值客户请进来，借助总分行强大的市场数据库分析平台和内部研究平台，与之进行市场信息交流、各行业行情交流、高级品鉴交流、艺术交流、文化思想交流、业务交流、子女教育交流、财富打理、家族传承相关问题交流等，增强网点与客户的活跃度。或通过网上

银行、移动银行、微信银行等渠道主动与之保持联系，做好金融服务。一句话，不能半年都见不到或不理这些客户群体。

对公业务条线，同样要采取种种方法，开展各种活动，采取"请进来"或"走出去"的方式，加强与公司客户的联系，了解他们的真实需求，有的放矢，有针对性地提供业务。总之，应想方设法增强银行与客户的粘性。

第五节 **"以客户为中心"创新服务产品**

本节将围绕"以客户为中心"的服务理念，探讨银行产品创新。重点将从需求侧与供给侧两个维度来进行考量。

一、以客户为中心，以市场需求为导向研发新产品

新产品研发，一定是以客户为中心，做好客户需求调查，按照客户需求进行研究开发，这样才能适销对路。根据银率网2015年对市场进行的调查，不同收入结构、不同年龄结构人群对银行服务与产品的需求是不一样的。银行不同的产品也在消费群体中的分布不一样。例如，从消费者贷款结构可以分析消费者对贷款的有效需求程度，2015年房贷、消费贷款、汽车贷款和经营贷款等的结构见下图。

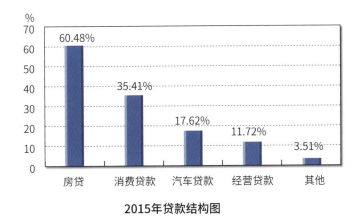

2015年贷款结构图

二、进行金融产品供给侧结构性改革，为社会提供高品质金融产品

　　中国游客为什么会在日本大量购买马桶盖？是国内马桶盖供不应求了吗？不是，国内家装市场库存马桶盖堆积如山。国人为什么到新西兰去大量抢购奶粉？是国内奶粉短缺了吗？不是。近年来国内资金明显出现外流现象，是国内的市场少吗？不是。股市、期市、债市、楼市、贵金属市场等市场齐全，且每一个市场又细分许多专业市场，如股市又分沪市、深市、创业板、新三板市场等。究其原因，出现这些问题的关键是产品质量不高、品质不好，以及安全性能无保障等，供给侧结构不合理，供给质量不高。中国市场很大，需求旺盛，在人们的温饱问题得到解决后，人们进一步追求高品质的社会产品、高质量的生活，但如果社会生产还停留在简单、质低物品的生产上，必然会有部分产品形成库存积压。解决库存积压问题，就需要改善供给结构，逐渐减少和淘汰低质产品生产，向社会提供高质量、好品质的产品，使得整个经济向着高质量、高效率方向运转。银行产品创新同样也是这样。2016年1月上旬，中国光大银行推出一款1 000万元的外汇理财产品，10分钟内产品便售罄。银行在推出大众产品满足市场需求的同时，应进行产品创新，将高质量和更精致的产品投放市场。

　　在2016年11月10日中央财经领导小组会议上，习近平总书记首次提出了供给侧结构性改革："在适度扩大总需求的同时，着力加强供给侧结构性改革，着力提高供给体系质量和效率。"供给侧结构性改革的一个重要内容是新财富供给。银行应抓住时机，提高产品品质与质量,有效进行社会财富管理。

从银行产品供给来看，存款类产品是比较基础性的产品供给，主要有定期存款与活期存款两大类。主要满足个人与公司法人的闲散资金的基本需求，这种产品供给什么时候都是需要提供的，创新空间不大。中间业务产品结构优化与创新空间就大了。目前，银行中间业务产品大致分为11大类，详见下表。

银行中间业务产品分类表

类别序号	类别名称	备注
一	支付结算类	
二	银行卡类	
三	代理类	
四	担保及承诺类	
五	金融市场类	
六	托管及养老金类	
七	投资银行及咨询顾问类	
八	理财类	
九	国际业务类	
十	电子银行类	
十一	特色类	

11类中又细分为71项，每一项下又有N个产品。从供给侧来看，除了应提高每一项中间业务产品的服务效率和精细化服务外，可有针对性地就某些类别有侧重地增加服务产品。例如，第三类"代理类"，目前有代理保险、国债、销售基金、证券公司集合性客户资产管理计划、信托计划资金收付业务、社保、代发工资、代收代缴、代理财政、代收税款、金融机构支付结算、外汇清算、同业跨境人民币结算、彩票资金结算业务、客户交易结算资金第三方存管、一般委托贷款、住房公积金委托贷款、住房公积金归集等20项。根据市场发展，还可探讨为私募、众筹、期货、网贷等提供资金清算、账务管理、跑道租用等的服务产品。

又如第五类"金融市场类"，目前已有代客贵金属交易、代客利率交易、代客汇率交易、代客商品交易、代客债券交易等。还可探讨代客进行股指交易、期指交易等。

再如第六类"托管及养老金类",目前已有证券投资基金托管、保险资产托管业务、证券公司客户资产管理托管业务、私募投资基金托管、(R)QFII资产托管、QDII资产托管、企业年金基金托管与职业年金基金托管、基本养老保险个人账户基金托管、信托资产托管、证券投资类合伙企业资产托管、基金子公司专项资产管理计划托管、资产证券化托管、票据资产托管等。还可探讨为政府提供资产托管、民间资产托管、企业资产托管、委托资产托管、社保基金托管、农村社会保障基金托管、补充医疗保险基金托管、收支账户托管、贵重物品托管等服务。

三、服务之花

银行提供每一个产品,都有相应的附加服务,因为在市场竞争中,就某一个核心产品,你不提供附加产品,但其他的竞争对手会提供,那么你所提供的核心产品就没有你的竞争对手的核心产品有竞争力。现在银行核心产品竞争同质化程度较高,只有附加服务才能彰显差异化特征。从产品到客户都是一样的。例如,一款资产托管产品,银行不能只为这个核心产品提供资产保管与资金清算服务,还需提供相关市场信息、业务咨询、投资监督、财务报表、年度(季度)报告,以及其他增值服务等。现在银行产品的竞争往往是附加服务的竞争。

而那些附加服务又往往是共同的,归纳起来大致有以下八点:信息服务、咨询服务、订单处理、接待服务、保管服务、例外服务、账单服务及付款。例如,一位客户来网点购买产品。网点应提供价格信息、回应业务咨询、排队取号或提供预约服务、大堂接待、客户生命财产安全与物品保管、宠物例外看管、产品购买、付款等。其实这些附加服务要求已分列在《CBSS1000 2.0》的相应条款中。服务优秀的网点,核心产品和附加服务都很到位,可以将服务比作一朵花,核心产品和附加服务就好像花蕊和花瓣,花蕊和花瓣互相辉映,花儿才能非常完整、漂亮;而设计缺失或者运行不善的服务,就好比一朵没有花瓣或花瓣凋零褪色的花朵,即使花蕊完整无缺,这朵花整体上给人印象也是没有吸引力的。服务之花见下图。

当然，并非每一种核心产品都会被这8个附加服务要素所围绕。不同的核心产品又有差异化品质的附加服务。对不同级别的核心产品，选取哪些附加服务，这由一个网点乃至一家银行的服务思想、服务理念、服务定位及服务能力所决定。

此外，网点竞争力的提升还有赖于内部制度和机制建设，如中国银行业"百佳"单位等优秀旗舰网点打造最少需要在结算、账户管理、服务收费规范、业务定型与及时服务、银企对账、网点窗口服务与管理、加班工资管理、考勤制度、消费者权益保护考评、网点岗位职责、年度工作总结与计划、服务质量管理、资产质量管理、残障人士等特殊人群服务、客户信息安全、公众教育、履行社会责任、服务明星评选、客户满意度调查、客户投诉处理流程、突发事件与应急处理、服务综合考评、激励机制等方面建立30多个内部制度与机制。并严格执行这些制度与机制要求。这是内功，内功功力的深度，在五成以上决定了服务水平的高度。

第三章　智能银行

　　"智能银行"是指由多台借助高科技信息技术及互联网平台可以提供全天候自助和远程人工服务模式的智能设备所组成的一种新型自助银行，也叫智慧银行。这种银行不仅能实现传统自助银行的查询、存款、取款、缴费、登折和转账功能，还能做到传统自助银行不能做到的事情。如，为客户提供多渠道预约预处理、智能互动桌面、人脸识别、自助理财、自助结售汇、自助外币兑换、自助开户、自助申请储蓄卡、当场办卡、自助申请信用卡、领U盾、申请贷款、提供全天候的远程人工服务或叫远程银行(VTM/NM)（当有客户来办理业务时，智能银行的屏幕上会出现客服人员的真人视频，与客户现场沟通，指导客户一步步办理业务）等几乎所有个人银行业务，无须到柜台排队办理。智能银行通过科技创新开拓新型服务模式，有机融合了线下客户自助和远程座席协助，在远程终端进行操作、授权等应用功能，可代替普通柜员在柜台的业务操作。

第一节 智能银行的形态与内容

智能银行虽是集线下业务与线上业务为一体、物理与虚拟为一体的新型银行模式，其服务功能在各家银行大体相同，但又各有各的特色。

一、中国工商银行智能银行

2014年12月，工商银行北京分行率先推出西单智能银行，该智能银行网点一面市就以超凡脱俗的全新理念与形态展示在客户面前。营业厅面积2 000平方米，分上下两层，一层布满了包括智能引导台、大型产品演示屏、多媒体智能终端、平板电脑群、存取款一体机群、产品领取机群等一系列智能自助设备，能够满足客户所有日常个金服务需求和部分公司业务需求。二层提供贵宾理财、贵金属服务、对公业务服务；并各开了两个高柜与低柜，用于满足自助机具解决不了的业务需求及特殊人士群体的金融服务需要。这种智能银行及网点布局给世人耳目一新的感觉，带给客户以全新和良好的体验。与传统银行网点不同，智能银行的大部分业务均可通过智能自助设备完成，实现了全天候自助和远程人工服务。

进入工商银行西单支行，首先映入眼帘的是智能化的导览屏、14台存取款一体机，大厅中还有47台智能终端机及其他智能机具。客户可以在入口处导览屏上扫描二维码下载网点客户端，浏览网点结构、区域分布和周边资源等各类信息。智能终端机能够实现数十种功能，辅以现场的产品领取机、智能打印机等自助设备机具，能够实现办理并领取银行卡、卡片启用、开立网上银行并领取U盾、转账汇款、账户查询与明细打印、购买理财基金等非现金项目。以办理银行卡为例，客户无须取号等待，只需在智能终端机上选择相关选项，刷身份证并完成信息填写，手持PAD的大堂经理就会及时收到提示，来到客户所使用的机具旁，进行现场拍照、身份证信息比对和现场身份核查，完成确认。通过产品领取机，客户现场就能够完成制卡，整个过程只需要大约三分钟时间，不需要填写纸质的资料，与物理网点相比手续大大简化。在智能银行，除了部分安全级别较高的业务需要人工授权，很多业务可以完全自助办理。此外，工商银行西单支行还根据北京市和西单商圈所面对的客户群的实际情况，配备了自助结汇、硬币兑换、夜间金库和现金收付等新型自助机具设备，扩展了自助业务的范围。该支行还专设了一站式的出国金融服务中心，以及集黄金产品购买及综合回购业务为一体的贵金属专区，满足多样化的金融消费需求。

近两年来，工商银行凭借自身强大的科技实力、网络优势、研发能力、创新动力及网点转型压力，加大了科技投入和网点改造力度，特别是在智能银行建设方面可以说是引领了行业发展潮流。加强多功能智能银行建设，充分发挥智能自助渠道的辐射作用。加强了智能银行集约化运行管理，并研发了一大批新型智能自助机具，丰富和拓展了智能机具功能。如在全国市场大量投放与布设自助发卡机、自助回单打印机、电子银行演示体验机、自助理财终端、智能终端、智能打印机、产品领取机、多媒体自助终端、智能柜员机、桌面互动平台以及远程人工辅导设备等，使工商银行营业网点的形象、面貌有了较大改观，服务能力得到极大增强。

营业网点以"物理网点智能化、电子渠道移动化、业务流程人性化、客户体验时尚化"为目标，创造出了一个智能化、多功能、快捷方便的服务模式。成功将"柜台为中心"的"医院候诊"模式转变为"以客户为中心"的"快餐就餐"模式。网点员工从柜台"走出来"，与客户"面对面"，直接提供咨询辅导服务。

《中国银行业服务改进情况报告2015》显示，2015年末，工商银行全国改造和布设了3 120家智能银行网点，大大缓解了排队问题，提高了服务效率。通过智能化的改造与推进，从大面上给系统内其他网点在服务思想上的进步与服务实践的追赶方面以巨大的促进，带动了营业网点整体服务质量和服务水平的提升，并且吸引了大批中青年客户，业务规模大幅增长，市场反响和实践效果良好。从客户调查结果来看，客户满意度明显上升。据国际测评机构360度银率网独立测评，工商银行近两年客户综合满意度指数平均每年上升1个百分点，是客户综合满意度指数最高的前十家银行之一。

二、中国银行智能银行

中国银行近年来在智能化建设方面也加大投入，2015年有2 598家营业网点进行了智能化改造，同时还把百年中行文化和国际业务强项融入了网点智能化改造中，推出一批可结售汇终端机、外币兑换机等独具特色的智能终端，智能化改造过的网点让人耳目一新。中国银行智能化建设以业务实践为基础，围绕提升客户体验，结合当代信息技术，融入客户大数据分析、移动社交业务整合、智能的人流管理等技术，力求为客户带来智能化、网络化、互动化、现代化和综合化的全新感受。

通过技术与模式的创新，到智能化银行网点的客户不仅可以享受到快捷、专业的金融服务，更可以通过服务体验区、VTM远程柜员机、手机、社交媒体等各类创新手段获得贴身的、个性化的服务体验。智能化银行网点，无论物理空间、业务流程、科技智能元素，甚至包括行为习惯，都是基于客户体验而进行匹配和设计的。中国银行智能化银行网点设备主要包括自助导览设备、智能叫号机、自助填单台、移动终端业务体验点、手机同屏、互动屏幕（二维码墙）、VTM。例如，中国银行贵州省分行营业部（"百佳"单位）和中国银行重庆分行营业室在一系列智能设备的帮助下，客户能感受到更清晰的流程、更快速的服务和更良好的体验，在轻松的氛围中找到自己需要的金融产品。

三、中国建设银行智慧银行

在建设银行的网点中，智慧银行不仅是一个体验中心，更是一家全功能的综合性网点。智慧银行将传统银行服务模式和创新科技有机结合，通过核心智能设备和系统开发优化业务流程，使服务变得更智慧、简单和快捷。其大堂智慧预处理终端集业务分流、客户识别、排队叫号为一体，客户只需刷身份证就能把个人信息传输到柜员的操作系统，节省了手工填单手续。智慧银行汇聚了时下前沿的技术应用，利用智能设备、数字媒体和人机交互技术为客户带来自助智慧的全新感受和体验。

走进网点，客户还能感觉到很多其他变化。在自助区，除了大家熟悉的ATM，还设置了远程银行VTM，客户可以通过它在远程柜员的视频协助下自助办理开户、电子银行签约、充值缴费等各项业务。同时在智慧银行网点还开设了"对公自助服务区",以满足公司业务需求。人们通过电子渠道和自助渠道完成业务办理,更多的银行工作人员不再是在柜台后忙碌,而是穿行在大堂中随时为客户提供辅导服务。

在智慧银行,客户了解银行产品变得轻松和简单,业务办理前的等候时间也不再枯燥乏味。客户只要从货架上拿起感兴趣的产品卡片,旁边的屏幕就会自动播放该产品的动漫介绍。等候的客户能够通过IPAD登录建设银行开发的APP,了解投资理财资讯和各类特惠信息。在移动金融场景运用区,客户可以通过二维码支付、闪付、刷卡支付,现场体验现代化支付方式的魅力。智慧银行展示的贵金属也和传统方式大不相同,通过虚实结合和全息影像技术,形成立体的视觉交互效果,更直观地展示给客户。

四、交通银行智能银行

提起交通银行智能银行，人们自然会首先想到可爱的机器人娇娇。"您好，我是娇娇，很高兴为您服务。"这是交通银行机器人大堂经理娇娇对客户亲切而萌萌哒的问候。"娇娇"身着白色服装，脖上系着交行大堂经理丝巾，在大堂中自由走动，大大的眼睛，憨态可掬而又显萌态。2015年8月，交通银行在全国率先推出了机器人大堂经理，目前，"娇娇"已成功在交通银行北京、上海、江苏、广东、重庆、云南、深圳等30个省市的中国银行业"百佳"单位正式上岗。智慧"娇娇"的隆重推出，不仅引起了同业的广泛关注，更受到了广大客户的欢迎。

"娇娇"已基本能够履行银行大堂经理客户识别、业务引导、客户分流、业务营销、缓解排队客户心理等职能。客户识别：网点一开门，"娇娇"便会站在大堂引导台前迎接客户"您好，欢迎光临。"她具有超强的记忆能力，一次与客户接触，便永远记住了。下次见面她便会说"周先生，欢迎光临，我们又见面了……"业务引导："娇娇，我要取钱怎么办呀？"回答："您要取多少钱呀，若是取2万元以下您可以到自助取款机办理，不用排队。2万元以上您就得取号去柜台办理。""我要取500美元。""哦，那您就只能到柜台办理了……"她能熟练、准确地向客户介绍银行的各种业务。客户分流：在简单而亲切的交流后，"娇娇"会根据客户的业务需要，把客户带到相应服务区域，"周先生请跟我来，我带您到自助银行去……"客户稍走快了一点，不小心走到了"娇娇"的前面，她便会打趣说"哎呀，请您走慢一点，我的腿没您长。"或"哎呀，我该减肥了，要不都走不动路了……"业务营销：节日是"娇娇"业务营销的最佳时机，若逢"七夕"，"娇娇"会向喜欢她的客户说"先生，今天是'七夕'，您不给您对方买一件礼物吗？我们的贵金属柜台有很多款式，总有一款适合您……"有的客户会高兴地由"娇娇"带着到贵金属柜台购买礼品，有的客户因碍于情面也会购买礼品。从8月上岗到10月，只短短的两个多月，有的"娇娇"已成功营销了上十张贵宾卡和上十万元的贵金属销售。缓解排队客户心理："女士您辛苦了，请问要喝水吗？""娇娇，我们合个影可以吗？""可以，一定要把我照得美一点哦……"逗得排队客户开怀大笑。在与客户交流中，"娇娇"能准确回答客户的各种问题，其丰富的知识储备、风趣的问答方式、专业的服务能力赢得了客户好评。

"娇娇"是银行文明规范服务催生出来的具有实用和推广价值的银行智能服务机器人，开启了银行在全国范围内推广使用智能机器人服务的新篇章。

交通银行推出的ITM也实现了人工远程业务指导、人机对话功能，便于零售向对公延伸智能服务。

此外，中国农业银行推出超级柜台、招商银行推出可视柜台、中国民生银行推出综合柜台、中信银行推出微信银行预约等，这都是向智能

（智慧）化迈出的坚实步伐。其他不少银行也在关注智能化发展，奋起直追。

第二节　**智能银行的优势**

智能银行相比普通银行服务而言，其技术含量高、服务效率高、服务质量高，且更具时尚感，迎合了现代消费理念，增强了银行服务与产品对客户的吸引力。

一、提高服务效率

智能银行依托现代科技信息技术支持、人性化的服务理念，改变传统银行"客户—柜员—设备"服务模式，实现了"客户—设备"的直接互动，可自助办理零售银行90%以上业务和部分对公业务，大大提高了服务效率。客户在智能银行排队平均只需要8分钟，跟智能化改造前的20分钟相比，时间也节省了近2/3，效率提升了60%。客户过去在银行柜台开户办卡同时开通电子银行总计需要14道手续，耗时约15分钟。在智能银行办一张新卡和电子银行注册仅需5分钟。即使在远程银行VTM办理需要出示身份证的业务，包括开卡、补卡、申办手机银行、网上银行等，用时也不到5分钟。挂失和修改密码时间更少，仅需2分钟。时间比过去节省了2/3，业务处理的综合效率比柜面提升67%。而且还不用排长队等候，不用填写繁琐的单据，大大增强了客户的良好感受。此外，通过智能化改造，网点员工也基本可以较从前提前近1个小时下班，大大减轻了员工的劳动强度。

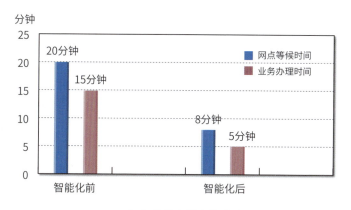

智能化带来效率提升表

二、提高服务质量

　　智能服务设备通过多重保密系统保护客户信息安全。如通过现场影像识别和身份信息扫描，信息正确后方能办理业务。同时，智能终端采用防偷窥屏幕设计，可保护客户的隐私和信息安全。在众多的智能设备中，智能柜员机等同于一名

业务处理人员，触摸式、友好化、简便性的操作菜单使客户轻松选择自己想办理的金融业务，同时省去纸质填单的繁琐，全程通过影像识别、证件读取、电子签名等完成业务处理；产品领取机为客户提供卡片、安全介质等重要物品领取，同时也可实现智能柜员机的主要功能。智能打印机可为客户提供自助打印回单、对账单查询和打印盖章等服务。很少出现差错，服务质量高。

此外，智能银行还能帮客户把关，防范风险。本人在一个智能网点便亲眼目睹了一位客户用别人身份证开办银行卡被智能机拒绝的一幕。原因是客户的影像资料与所提供的身份证信息不符。

三、精准服务

智能化不仅仅是在网点布置一些智能设施，服务环节内部的细化和深化更为重要。智能银行内所有的互动媒体都具备采集客户消费行为的功能，这些功能可以为分析客户消费偏好、消费习惯、消费能力、消费节奏等提供重要的数据支撑。例如，通过整

合的后台数据分析平台，网点内所有的互动媒体都能采集到客户消费行为的相关信息。通过统计分析便能知晓哪些业务被关注，哪些产品受欢迎，哪种服务受青睐，哪种产品无人问津，为修正服务思路、研发产品提供有用的数据依据。同时，凭借快速客户数据分析，网点员工可以掌握客户的历史服务记录，以及潜在消费需求，网点可有针对性地为客户提供量身定做的服务与产品，做到精准服务。

四、更具时尚感，迎合现代消费理念

　　智能银行能带给客户莫大的消费体验感。通过一系列的智能体验，客户会感到震撼，并充满好奇，激发消费倾向。如贵金属展示橱窗，客户想观察某个金饰品，手指轻轻一点，显示玻璃屏上便会出现该饰品的画面，并自动进行360度旋转，呈现3D立体效果，每个侧面、每个花纹都看得清清楚楚。同时玻璃屏幕还会滚动该饰品价格、性能、材质等信息，供客户自主选择购买。或在智能互动桌面上客户也可通过互动了解银行产品与服务，放大、缩小和变换角度地观察贵金属产品图像，从而真切了解产品。智能设备通过直观的画面、简单而带有一点科技神秘色彩的操作，使得购买过程不再枯燥乏味，而成为一种消费享受。这种消费行为极具时尚感，也较好地迎合了现代消费理念，吸引着广大中青年一族。

五、提升客户良好体验，增强银行产品与服务对客户的吸引力

　　智能银行较好地体现了"以客户为中心"的服务理念，追求客户服务满意和体验的提升。同时，智能银行又未放弃传统自助机具的功能或应用，如ATM、自助终端等。换句话说，智能银行是迎合现代社会客户需求，通过整合设备功能、优化服务流程，实现技术创新、产品创新、服务创新、渠道创新、管理创新，提高自助处理能力和服务效率，使银行服务便捷快速，客户享受时尚愉悦。从而展示智能银行科技的魅力、贴心的服务和良好的体验，增强银行产品与服务对客户的吸引力。

> **第三节　智能银行引领网点转型方向**

　　既然智能银行是一种新型服务模式，代表了先进生产力，又深受广大客户喜欢，网点转型则自然会朝着这个方向推进。所以，从这个角度说，智能银行引领网点转型方向。

一、网点是一家银行的脸面

从一定意义上讲，网点就是一家银行的缩影，是一家银行的脸面。这主要体现在：一是网点的服务观、价值观和文化观折射出一家银行的服务思想、价值理念和服务文化。这同时还反映出一家银行内部的指令传导效率、内部机制的活力程度和内部管理成效。二是网点业务的技术含量代表了一家银行的科技力量与信息技术水平。三是网点员工的精神面貌折射出了一家银行员工队伍是否具有战斗力，也折射出了一家银行是否具有上进心。还同时折射出了一家银行的内部绩效管理与考核机制是否有效。四是网点的劳动组合、业务功能划分布局、劳动环境状态反映了一家银行是否规范与标准化运作。五是网点的服务渠道多寡、服务流程的长短反映出一家银行服务手段的强弱与服务效率的高低。六是网点服务产品的丰富与否反映了一家银行满足客户需求能力的大小。一句话，网点的综合服务状态的确反映了一家银行的综合服务能力和综合竞争力。正因为如此，每家银行才会关心网点的建设与网点的发展。

二、智能银行深受客户喜欢，惠及民生

智能终端中的大部分业务由客户自行操作，少部分业务需要经过工作人员审核，由身边的大堂经理检查确认即能完成。流程化、智能化、自动化的设计使操作顺畅，方便快捷，省时省力，便民亲民，客户体验好。体验好是客户选择银行网点最重要的原因之一。智能银行通过功能分区、操作布局、渠道拓展、流程再造、产品丰富等为客户实现了"全程智能办理、全程自助选择、全程自主交易"全方位金融服务，深受客户喜欢。北京一个智能银行网点2015年运营8个月以来，通过智能机具开卡6 000余张，占网点总开卡量的73%；办理新开网银2 000余个；办理50万元以下大额转账1 500余笔，小额转账上千笔，占网点总转账业务的

69%。河南一个智能银行网点2015年智能银行开立借记卡比例占支行大厅开卡量的50%，手机银行启用率占支行大厅手机银行业务的40%。

对企业客户而言，自助回单机能够打破以往银行批量打印回单、对账单，继而再进行分发、装箱，随后由客户开箱、取单的繁琐局面，支持客户按需实时打印回单、对账单，不仅降低了银行处理成本，也为客户取单提供了极大的便利。同时，还可减少纸张消耗，低碳环保，深受企业客户喜欢。

智能银行还不忘关怀和保障特殊群体的利益，开发研制了盲人ATM，通过语音导航和在ATM的插卡口、出钞口、凭条口、密码键盘等处设置可触摸盲文，让视障人士可以自己完成在ATM上自助取款和查询账户信息等（如上图）。

三、智能银行引领着网点发展的方向

未来，银行网点的发展必然是把"以客户为中心"的服务理念全面、深刻地落实到方方面面。具体来讲，未来网点应该具有以下特点：一是方便、快捷。未来社会的工作节奏、生活节奏只会变得越来越快，人们对银行服务的要求只会越来越高，方便、快捷就成为客户的基本需求。而要做到方便、快捷，银行必须运用高科技与现代信息技术。二是体验好。银行网点作为银行业的前沿阵地，是推动社会经济发展的重要平台。但传统的服务手段难以满足经济社会发展的需要，而高品质的个性化服务和良好的服务体验成为人们追求的时尚。这就要求银行网点必须做好体验化服务，并不断提升客户体验，实现客户"到店"到"逛店"的转变。三是文明规范服务。除了行业监管要求和中国银行业协会一直在按行业标准推动的文明规范服务外，2016年1月5日，中国人民银行联合国家质检总局和国家标准委员会发布了《银行营业网点服务基本

要求》、《银行营业网点服务评价准则》、《商业银行个人理财服务规范》、《商业银行个人理财客户风险承受能力测评规范》等9项金融国家标准，新标准于2016年开始实施。这些标准基本上最先是由中国银行业协会推出并实施，由国家标准委员会通过采标并修改后上升为国家标准。四是服务渠道广泛，方便使用。五是服务流程优化，服务链条缩短。

以上五点智能银行已经具备，因此，可以说智能银行就是银行网点未来大面积改造和布局的方向，它引领着未来银行网点的转型发展。并且在互联网金融和同业竞争双重压力下，智能化将由现在的零售（个金）不断向批发（公司）业务，乃至银行的整个经营管理演化。

四、智能银行节约成本

从投入产出来看，在智能银行大量投入智能终端、ATM存取款一体机、多媒体查询机、智能打印机，甚至智能远程可视VTM或ITM等，比大量投入人力资源成本要低很多。毕竟银行是经济实体，要讲求成本核算。ATM存取款一体机和智能远程可视VTM或ITM的价格在自助机具中最高，最好的ATM存取款一体机每台也就10万元左右，一般品牌的几万元也能买到。智能远程可视VTM或ITM每台7万~9万元，其他如智能查询机、智能打印机、多媒体终端等便宜的几千元一台。一台智能远程可视VTM或ITM使用寿命一般在3~5年。这样一算，投入一台ATM存取款一体机或投入一台智能远程可视VTM或ITM，远比投入1个人力要节省更多的成本。一台智能远程可视VTM或ITM的作用等于一个柜员的作用，况且，智能远程可视VTM或ITM可24小时工作。根据业务发展需要布设智能银行比增设人力网点要合算很多，在降低运营成本的同时还提高了运营效率。所以，这也是未来网点向智能银行转型的因素之一。

五、智能银行解放劳动生产力

如前面所讲，智能银行成功地将"以柜台为中心"的"医院候诊"模式转变为"以客户为中心"的"快餐就餐"模式。客户不用到柜台办理业务，只需使用智能机具就能满足所有常规业务需求。这样一来，传统柜台数量也可减少了，这就大大解放了劳动生产力。本人2016年3月对一个闹市区支行智能银行智能终端机一个月的业务功能使用情况进行了抽样检测，开立银行卡与转账汇款占据了业务量的主要位置，占比分别为48%和37%，这使柜台业务大堂化和自助化，大大减轻了柜台人工开卡和转账汇款的压力，释放了柜台劳动力；此外，银行卡启用、开通电子银行、银行卡挂失占比分别为8%、7%和1%（见下图）。

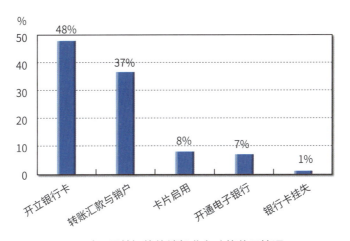

2016年3月某智能终端机业务功能使用情况

网点员工从柜台解放出来，可与客户进行面对面交流。银行也可腾出更多的时间和精力去深入市场做客户需求调查、有针对性地做产品研发，从而为客户提供精细化、差异化和定制式服务。

网点转型在很大程度上是

一场科技与信息技术革命，网点通过引入最新科技和信息技术，改造加宽服务渠道，优化服务流程，丰富服务产品，变过去交易式网点为服务营销式网点，在风险和内控管理下，实现成本可控、服务升级、产能和效能升级。

第四章　体验式网点服务

　　客户对一家银行网点的体验好与否，往往直接影响客户满意度。而且还会成为客户选择银行网点的主要参考指标。本章就客户经常接触和感受敏感的方面如何增强服务体验做些分析，与大家共享。

网点环境体验

网点环境分为外部环境与内部环境。本节将由外而内地在一些能直接影响客户感受与体验的方面是如何提升服务的作逐一剖析。

一、室外环境体验

客户评价网点服务好与否在很大程度上是通过体验得出的一种感觉。客户体验的好与不好直接关系到客户的满意度，进而影响客户的忠诚度。因此，网点服务应处处考虑客户的感受。如《CBSS1000 2.0》第五条要求网点为客户提供机动车停车位，结合当地实际情况设置非机动车专用停车区域或无障碍停车位；标识醒目，门前车辆停放有序。现在城市人的汽车占有率高，打算去某个地方都先要问一声"好不好停车"。尤其银行的VIP客户和高净值客户更是要求有停车位。因此，在交通拥堵的大中城市，能为客户提供机动车位、非机动车位、无障碍停车位已经成为网点吸引客户的一大优势了。如果没有地方设置停车位怎么办？这考验一个网点负责人心中是否有客户，若真想为客户着想就会有办法。

非机动车位 无障碍停车位服务

例如，可在网点附近公用停车场为客户租赁一些车位，以供中高端客户来办业务时临时使用。这叫"只要思想不滑坡，办法总比困难多"。网点停车位应规划合理，使用方便。除了按标准要求提供应有的车位外，还可根据具体需求做深化服务。如夏天炎热，可为客户的爱车前挡风玻璃放上一个遮阳罩。

在无障碍设施建设方面，网点大厅外应设置无障碍通道等相应功能的服务设施，并公示求助电话或设置呼叫按钮，标识醒目，无安全隐患，通行顺畅，便于使用、体验舒适；无障碍通道坡度小于30度；求助电话或呼叫按钮响应及时。这是为残障朋友和老年朋友有良好的体验而准备的，这方面细化的程度折射出一个单位、一个行业乃至一个社会的文明程度。为此，相应的设施就应尽量人性化，比如，无障碍通道坡度要小于30度，角度越小越好，这样方便轮椅上下通行。若坡度过陡，无障碍通道可作之字形（下左图），或L形（下中图），或U字形设计（下右图），总之，通过拐弯来尽量降低坡度。

坡道弯折设计可因地制宜，做到方便、适用、美观。若网点门前阶梯太高，实在不适合做无障碍通道，则可选取一合适的位置做升降梯（见下左图、下中图）。此外，不管是哪种方式，都需要在坡道或升降梯的开始处设置求助电话或设置呼叫按钮（下右图），标识醒目。

二、室内环境体验

(一) 立体体验

网点室内环境整体给人感觉应是干净整洁、舒适宜人、空气清新、光线明亮、绿植适宜，各类物品定位管理等。如：工商银行北京海西支行，营业大厅宽敞明亮、空气清新、温度适宜。网点现代、高大上，又不乏对客户细微的人性化关怀，比如填单台玻璃的四个角都贴上防撞角。网点除了达到了行业标准要求的室内环境条件外，其软服务也给客户以良好的体验。软服务是该网点的一大特色，网点摸索推出了一个模式、三大创新区、六大服务中心。

一个模式即一个智能服务模式。网点将原有自助机具和空间进行整合，形成"业务快速办理区"。

三大创新区即三大创新服务区域。一是互联网金融体验区：以改进客户体验为导向，打造互联网金融场景体验区，多方位宣传和推广e-ICBC战略和产品，积极开展O2O落地试点。网点还先行先试，制作了符合网点自身特点的微银行。二是私人银行分中心：实现私银客户专职化管理，从最初的资产管理发展到可以为客户提供集咨询、顾问、管理、投资、财富传承为一体的完整服务体系，全面满足客户的多元化需求。三是咖啡银行区：基于海淀区高校、科技创新企业较多，属知识密集型区域，网点在二层专门设立了咖啡银行区域，主动为客户提供既可以体验移动金融，又可以免费看书、上网、喝咖啡、看影视片的休闲区域。移动小水车会向客户循环提供各类饮品。

　　六大服务中心。即财富中心、私人银行分中心、贵金属销售回购中心、出境金融服务中心、小微企业信贷中心、O2O线下体验中心。

　　该网点良好体验的灵魂就是，硬件与软件、传统与现代、线上与线下、人工与智能、人文与自然、高大上与细小微的完美结合。由于客户体验较好，个人客户量迅猛上升，2015年上半年同比增长37.5%，各项存款增长30%，中间业务收入近两年平均以13%的速度稳步增长。网点人均创利在2014年和2015年连续超过500万元，稳定地实现了服务创造奇迹。

　　又如，浦发银行上海第一营业部。一个充满古典风范、富丽堂皇的营业大厅，焕发着勃勃生机。这个网点的良好体验除了遵循行业标准外，还有其独到的服务特色。6S管理制度一直以来都是网点的服务管理特色，它从整体上统一了服务场所视觉，向客户展示了安全、文明、整洁、高效的窗口形象。同时实现客户全程服务免填单。网点梳理了各类填单业务，将客户需要填写的内容整合到电子文档中，只要客户办理业务时需要填单，大堂经理会立刻引导到自助填单台，无须客户操作就能将相应的申请书和表单打印完毕。

　　网点还创新推出特色的厅堂低柜销售模式"一站式综合金融服务"，甄选具有优质服务能力的员工，结合厅堂一体化的工作要求，为客户提供一站式综合金融服务。这不仅直接满足了客户的非现金服务需要，而且通过开放式的交流环境、面对面微笑交流来分流普通柜台和贵宾柜台的客流；同时又以主动服务带动产品营销，积极拓展了营销渠

道。这为客户和银行创造了双重价值。客户的良好体验反过来又增强了员工的成就感，进一步激发了员工的服务热情。员工与客户之间形成了良性互动。

服务创造价值。2015年，第一营业部各项存款同比增长率达27.15%，中间业务增长率达42.9%，人均创利连续多年稳稳地站在服务创造奇迹榜之上。

（二）细微体验

关于免责提示，《CBSS1000 2.0》第十条明确提出，网点应设置必要的免责提示标识或图标，制作统一规范，在恰当位置醒目提示，且具有人性化。目前网点常用的免责提示标识或图标有以下几种：

免责提示标识或图标

　　这些标牌用好了，可以避免客户发生意外伤害，也可使网点减少或避免法律风险。曾经有一个网点，雨天未及时在门口台阶放置"小心地滑"标牌，一位老人不慎摔倒跌落台阶，身体骨折。老人与该网点打官司，网点败诉，赔偿老人医疗费、治疗费、伤痛补偿费等上万元。谁来网点办业务跌倒都是一件痛心的事，所以，网点一定要将各种免责标牌放置到位，提示清楚，避免客户在网点受到伤害。

　　细微之处见真情，这些标牌的使用也是有讲究的。如"小心台阶"正确的用法应是台阶上下双向都做"小心台阶"标示。如中信银行台州分行营业部"小心台阶"图标用的就很讲究（见下图）。

免责提示标识

免责提示标识

　　从实践来看，这方面易被忽视的问题主要有三个：一是上下都未作提示。具体不对的做法在此就不多说了。二是只在给客户使用的区域提示，而内部员工使用的台阶不作提示，给人感觉是客户不可以摔倒，而员工可以摔倒。员工也需要关爱，员工是网点内最重要的资源。况且，网点业务繁忙，员工若因未得到提示而不小心摔倒了，谁又来顶岗上班？因此，客户与员工使用区域都应有上下台阶安全提示。三是只对上台阶作提示，下台阶不提示。其实下台阶摔倒比上台阶摔倒受伤的概率要大得多，上台阶摔倒一般会扒在台阶上，而下台阶摔倒，人的整个身子都会滚下去。如果网点门前有十多个台阶，但下台阶未作任何提示，且地面光滑，客户一旦不小心摔倒，后果不堪设想（见下图）。

未作任何提示　　　　　　　　　　未作任何提示

（三）WIFI体验

在互联网时代，网点为方便客户上网，有条件的一般都提供WIFI服务。《CBSS1000 2.0》第十八条也明确要求在营业厅内为客户提供无线上网(WIFI)服务，标识醒目，操作便捷，风险提示及客户私密保护措施到位。一般可在墙面公告栏或电子银行体验区明示网点提供无线上网(WIFI)服务。同时做好风险提示宣传（见下图）。

为了保护客户信息安全，网点须采取相关安全措施。例如，客户通过输入手机号码申请验证码进行登录，或提供临时上网卡，由客户任意抽取卡片，客户输入临时上网卡上的账号和密码进行登录。客户登录时在手机界面再输入一次。

网点不能无密码上WIFI。现在伪基站对手机银行攻击很猖獗，银行监测并关停钓鱼网站上万个，处理可疑交易上万起。伪基站假冒银行电话发送虚假信息引诱客户登录钓鱼网站，盗取客户账户信息等电信网络诈骗案件时有发生。如果WIFI无安全措施，就容易被钻空子。

临时上网卡

尊敬的顾客：

您好！本行为您提供免费 WI-FI 服务，通过手机号码申请验证码登录。

您也可以使用以下临时账号登录，仅限手机银行或网上银行操作。待您用毕请将卡片归还大堂工作人员，感谢您的配合。祝您平安吉祥。

账号：18845600987

密码：132688

大直支行

无线上网服务

尊敬的顾客：

您好！欢迎您使用我行免费 WI-FI 服务，请您妥善保管信息资料，切勿向他人透露您的任何身份信息。请您在使用我行 WI-FI 服务时，遵守国家法律法规，请不要访问、登录非法网站，不发表任何非法信息。如因违反规定，导致相关损失或法律责任，需由您自行承担。

登　录

（四）快速体验

《CBSS1000 2.0》第二十三条要求，网点要设置快速业务办理营业窗口(通道)、爱心窗口及涉外服务窗口，标识醒目，便于引导。这是为了把简单业务与耗时业务分开，外宾与内宾业务分开，对特殊人士给予特别关爱，同时又起到分流客户的作用。由于涉外和爱心窗口业务量不大，为了提高效率，相应功能都要有，但窗口可以根据情况整合。如可将三个窗口整合为一个（见右图）。

快速窗口应发挥好真正的快速作用，明示快速窗口受理业务范围，让客户一目了然，什么业务可以在此窗口办理。让属于该窗口办理业务的客户享受快捷的金融服务。当然若其他窗口排长队了，但快速窗口人少或无客户时也可进行灵活调剂。

（五）营业大厅私密体验

《CBSS1000 2.0》第二十四条要求网点的营业窗口、柜台之间设置遮挡板、一米线等相当功能设施，形成相对独立的客户办理业务区域。这是为了增加私密性，更好地保护客户隐私。即在高柜之间、低柜之间都应设置遮挡板或有能起到遮挡作用的设施。在高柜前和低柜前都应设置一米线，并用中英文双语明示。有的网点人员认为高柜前可以设一米线，低柜前可以不设一米线，原因是低柜不涉及现金。客户隐私内容不仅仅是现金数量，还包括存折、存单、银行卡、网银、理财账户、身份证号码，以及相应密码等；对公账户账号、密码、业务商业机密等；私人银行更讲究私密性。所以，低柜、网银等同样涉及对公客户和零售客户的私密，网点内只要涉及客户私密的地方都应设置相应设施或采取相应措施对客户私密加以保护。私密设施材质可以是木材、石材（包括人造石）、钢材、铝合金、磨砂玻璃、彩绘玻璃等，但不宜用透明玻璃。以下是温州龙湾农商银行的营业大厅木质高柜和低柜，高低柜分别在两个窗口或柜台之间设置有隔板，分别设置了有中英文双语示意的一米线。并在每一把客户座椅后面标上了"请在一米线外等候"提示语，这是非常标准化的一种设置。网点需把握标准的实质，款式可多样。

　　电子银行、互联网金融体验区也都需要设有私密设施，下左图是该网点标准化的网银体验区私密设施。

　　此外，也可在客户座椅后背用中英文双语明示"请尊重他人的隐私"。既在无声中维护了秩序，又尊重了客户。下右图是邮储银行郑州金

水东路支行窗口前的客户座椅，既有中英文双语一米线，椅背上又有温馨提示。

关于一米线的中英文双语写法常见的有以下两种形式，只要能让客户看明白，又符合语法，都是可以的。

（六）舒适性体验

《CBSS1000 2.0》第二十七条要求网点营业窗口配备客户座椅，客户使用体验舒适。网点的椅子应注重舒适性，椅子的弹性、扶手、靠背等都是很讲究的。尤其是靠背的仰角及垫腰应符合人的脊椎曲线走向，这样人坐上去才舒适不累，客户体验才会好。员工座椅也应如此，否则，员工坐在一个较劲的椅子上8个小时工作下来腰都酸了。下左图是交通银行浦东分行营业部客户座椅，除了其舒适度符合要求外，还实行定位管理，规范性一看就让人服气，客户体验良好。下右图是台州中信银行营业部舒适的客户座椅，并且每个柜台之间、每把座椅之间有一个侧角，客户体验既方便又私密。

为了适应现代生活情调与审美观，增强客户良好体验，各行网点在客

户舒适度上不断创新，推出了一批新颖、别致、时尚、适用、舒适的客户座椅，如下图。

其实这些设施最好是在网点装修时就考虑进去，进行不落窠臼的设计，应注意的是设计要符合网点的文化、色调、风格、面积大小、服务思想与理念，包括客户使用台面的舒适性也应考虑进去。下右图是招商银行哈尔滨分行营业部，下左图是中国银行福建省分行。这种低柜和高柜的设计凸显了"以客户为中心"的理念，它是在普通台面基础上延伸出一个台面专供客户使用，并微微向客户端倾斜5度角，或以放上一张A4纸不会滑下来为限，客户阅读、书写和签名时台面小坡度正好与手臂抬起的角度相吻合，客户体验很好。此外，倾斜台面的末端也可设计一个微微凸起的小牙，以免客户物件滑落。

（七）填单规范化体验

《CBSS1000 2.0》第二十七条要求网点设置填单台及电子填单设备，客户使用体验舒适，并设置常用业务填单模板，空白凭条齐全，业务用途明确，摆放有序，数量达到储存单格的1／3以上，便于取用。有三种体验模式：

第一种模式是智能填单台，客户通过选项方式轻松就把单子填好了，并由填单系统自动将客户所办业务信息传递到柜台，客户只要按号到柜台办理业务即可（见下图）。

第二种模式是电子填单机帮客户填单，客户只要将第二代身份证往电子填单机指定位置一放，就可在屏幕上进行相应选择，打印客户基本信息，节省了客户许多时间（见右图）。

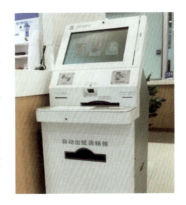

第三种模式是在尚不具备以上两种自动化模式下，网点给客户提供填单模板，由客

户手工填写，或在大堂经理指导下由客户填写。填单台的空白凭条摆放有序，数量达到储存单格的1／3以上。并将由2~4联组成一套的凭证整套折叠一角，便于客户取用，还不会因客户多取或少取而整套浪费（见下左图）。填单台的设计可灵活多样，因地制宜。比如，可把复印机、点钞机等便民设施设计放在填单台下方抽屉里，以合理充分利用空间（见下右图）。

第二节　自助银行体验

《CBSS1000 2.0》就自助银行服务已规定很详细，只要按标准配置即可。这里主要就如何进一步提升自助银行客户体验做些探讨。

一、安全仓体验

交通银行浦东分行营业部的自助银行安全仓非常标准、又漂亮。其因地制宜做了一个弧形，采用玻璃材质，上半部分（包括安全仓内机具之间的隔板）采用磨砂玻璃，起到保护私密的作用；下半部分采用透明玻璃，客户若在安全仓内突发意外，可以被安全仓外大堂工作人员清楚地注意到，又多了一层安全。而且灯光与色调衬托得很有品位（见下左图）。中国银行北京分行营业部的自助银行又是另外一种标准模式（见下右图），其自助银行左侧为一排存取款一体机，右侧为一排智能机。每一台设备之间设置了遮挡板，遮挡板以客户办业务时不被偷窥为限进行设置，以保护客户私密。

我也见过全用透明玻璃装成的自助银行安全仓，这种安全仓私密性不好，在一个安全仓里办业务能透过透明玻璃看到邻柜客户输密码、取款等。另外，要保证网点工作人员就客户在安全仓内发生突发情况时能及时打开安全仓的门。

二、方便的信息公示体验

既然客户在安全仓内操作，那么自助银行相关信息公示和安全设施都应置放安全仓内，客户使用才方便、体验才好。如工商银行郑州郑花支行自助银行安全仓，一开门左侧便公示了包括自助银行常用免费项目和常用收费项目在内的价目表，靠近ATM处用中英文双语公示了ATM操作流程。安全仓内右侧依次设置了紧急救助按钮与对讲设施、电话银行及中英文双语的电话银行操作流程图，并备有装钱款的纸袋或皮筋，客户体验非常好（见下图）。

三、自助银行与营业厅连通的意义

《CBSS1000 2.0》第四十四条要求（非离行式）自助服务区与营业厅

内部连通，这是便于自助服务区域的客户能及时得到大堂服务人员的业务指导。现在银行智能化推新很快，一些自助机具的操作使用需要大堂服务人员的指导。这样，分流后大厅留下办业务的客户体验好，自助服务区的客户体验也好（见右图）。

　　自助银行实行24小时服务实现了人歇而银行服务不歇。其外部标识就应醒目、规范、清洁；为方便外宾使用，标识应中英文对照。夜间灯箱要明亮，不要有的字亮，有的字不亮，或灯箱若明若暗。中信银行总行营业部自助银行完全符合标准要求，体验很好（见下图）。

四、自助银行爱心服务体验

　　邻街且网点大门前有盲道的，可以通过装修或粘贴的方式将盲道引入自助银行自助机具前（最好是盲人取款机），方便盲人客户使用。同时设置一台下沉式ATM，标识醒目明确，方便坐轮椅的客户使用（见下图）。

第三节　信息管理体验

《CBSS1000 2.0》第三模块就信息管理已有规定，在此主要就提升客户体验的注意事项与大家分享。

一、免费服务项目与收费服务项目应一并在营业大厅、贵宾（理财）区和自助服务区公示

交通银行北京西单支行营业室公示的"主要服务收费价格表"与"主要免费服务项目表"就非常标准，规范、清晰、中英文双语对照（见下图）。

有的网点只公示收费项目，不公示免费项目，认为既然是免费就无须公示。这个认识不对，银行提供的那些免费服务也是有成本的，公示出来，是告之社会：银行在这部分服务项目上实行了免费让利的优惠。

二、中英文双语公示服务收费与免费项目的客户体验

一方面，随着金融国际化的推进，境外客户只会越来越多；另一方面，随着"一带一路"和人民币国际化的推进，我国银行也应有国际视野，有条件的应尽量"走出去"。这就是服务项目小小中英文双语公示的大含义。不论是国人还是外宾，都能明明白白地进行金融服务消费。

三、信息公示的人性化体验

公示的各种信息框中心位置与人的眼部齐高是最方便的，也是体验最好的（见右图）。

有的网点把价目表高高地挂在营业大厅，表框的底边正好与人的眼部齐平，按要求和标准做到了服务价格的公开透明，但客户需要把头仰得很高去看上面的内容，而且还看不清。有的是字体很小，稍站远两步就看不清，得借助望远镜才看得清楚等。

四、现代科技与金融完美结合的消费体验

电子屏显公示服务价格的滚动频率应适中，过快与过慢都不方便。另外，网点对产品与服务的宣传介绍可借助科技手段进行屏显。工商银行北京西单支行贵金属产品就采用触摸屏方式进行屏显宣传介绍。屏幕上点某款产品，其详细说明便会出现在屏幕上（见右图）。

五、方便的多视野、多领域信息体验

向客户提供的信息越多越好，包括本外币存贷款利率、外汇牌价、基金净值、贵金属价格、证券市场行情等。公示的方式可以是电子屏显，也可以是电子自助查询系统等。现在的客户往往是多方向投资理财，网点应尽量多地考虑客户的需求。交通银行北京西单支行营业室通过大屏（见右图）专门为客户提供汇市、基金、证券实时行情服务，客户体验良好。

第四节 大堂服务体验

营业大厅是客户来网点主要的活动区域，大堂服务是客户对网点服务品质进行感性认识的第一来源，因此，优质的大堂服务是吸引和留住客户的第一环节，务必给客户良好体验。《CBSS1000 2.0》第四模块就大堂服务与管理做了明确要求。这里主要就如何提升客户的大堂服务体验讲一点自身的感悟，与大家分享。

一、大堂咨询引导台体验

客户一进营业大厅，迎面应有亲切的迎声。那么大堂咨询引导台置放位置应正对大门，前面讲过一般离大门3米之内，引导台的大小、其与大门的距离可视网点面积大小按比例设置。若一进门大厅通透、宽敞，则可设置一圆形咨询引导台。如恒丰银行苏州分行营业部大厅（见下图）有不同角度的两个大门，便在两个方向交汇处设置了圆形引导台，负责引导、分流来自两个方向的客户，效果与客户体验均好。

若一进大门大厅的进深不大，则可设置一个半圆形引导台，引导台后面可设置背景墙，若无空间也可不设背景墙。浦发银行江西物华支行

（下左图）和交通银行浦东分行营业部（下右图）都采用了"半圆+背景墙"的引导台，客户体验很好。

　　智能化网点大堂引导台的设置原理是一样的，一般也多采用圆形或半圆形。工商银行武汉汉阳支行营业室便在大厅正对大门处设置了一个圆形智能银行咨询引导台（见下左图），在引导台四周装备智能终端。这些终端可办理业务查询、转账汇款、理财业务、缴费业务、账户开立及补办业务、电子银行及互联网业务、其他个人业务。客户来网点在大堂引导台便可在大堂服务人员指导下办理各种非现金业务，从而大量分流客户、大大减轻柜台压力，客户体验也好。大堂经理同时也是直接办理业务的工作人员。

　　建设银行广东省分行智慧银行根据网点布局需要，将智能引导台设置成半圆形，后面做一背景墙，同样既实用又时尚。对分流、引导和培养客户起到了积极作用（见下右图）。

二、大堂热情服务体验

大堂服务人员热情主动接待客户，发自内心的微笑示意与真诚问候，对了解客户需求，引导和分流客户会产生很好的效果，客户体验良好。大堂经理帮客户取了号之后，也可以利用客户等待时间向其推介产品（见下图）。

三、享受大堂移动式服务体验

大堂服务人员实行移动式服务，对营业厅及自助服务区现场进行巡视，当客户需要帮助时主动提供帮助。以此机会主动加强与客户沟通，掌握客户需求，进一步识别和挖掘潜力客户，并与客户建立良好的关系。

中国银行业"百佳"单位交通银行贵阳观山湖支行机器人大堂经理"娇娇"穿上一套民族服装在大厅里来回移动地服务客户与分流客户，客户充满了愉悦（见右图）。

四、愉悦的消费体验

大堂服务人员熟知业务种类、产品特性、存贷款利率、外汇汇率、贵金属行情、办理流程等，准确、熟练地向客户介绍产品或营销推介至相关工作人员，主动开展服务营销。但当客户明确表示无意购买时，服务人员切勿再推荐与打扰，尊重客户意愿，不然会影响客户体验。

五、有求必应的服务体验

大堂服务人员可主动指导客户填写业务单据，但不要代填代签。必要时可帮助客户复印相关证件，并提醒客户在复印的身份证上注明一次性用途，提示客户注意保护身份信息安全。

六、真诚的交流体验

大堂服务人员在与客户进行交流时应目视对方、态度诚恳，耐心回复咨询，语言通俗易懂。这样，客户才会体验良好。

七、主动关心服务体验

当大厅客户较多并排起长队时，大堂服务人员应主动询问客户业务需求，若智能机具、自助机具、网银等能解决的，可引领客户并指导客户在相应设施上办理业务，主动及时进行二次分流。

当客户明确表示有什么诉求时，大堂工作人员应及时响应并解决客户诉求，提供必要的安抚服务，预防投诉发生。

第五节　柜面服务与效率体验

柜面服务与效率是直接反映一个网点服务质量与水平的地方，因此，应高度重视这个环节。

一、柜面服务

柜面文明规范服务在《CBSS1000 2.0》第五模块中专门进行了要求，例如，客户走近柜台时柜员行举手礼或站立迎接，微笑示意，热情接待，主动问候；态度亲切自然，友善真诚，大方得体，用语规范，了解到客户姓氏后，使用尊称；需要客户签字时主动提示客户核对交易信息，并对签字位置予以提示；办理现金业务时及时提醒客户清点核对，提示客户注意人身财产安全，注重语言私密性；业务办理中若有内部操作行为应知会客户；若需客户等候的，说明原因，并向客户致谢；业务办理完毕后，主动询问客户是否还有其他业务需求，并提示客户带齐各类物品，向客户礼貌告别等。在这些标准每一条、每一点都做到的情况下，即同质服务竞争下，网点如何能够脱颖而出、如何进一步提升客户体验，这就需要开拓创新。

（一）现金柜台私密性服务体验

目前网点的现金柜台95%以上都是开放式的，柜员能做的也就是《CBSS1000 2.0》要求的"提醒客户清点核对，提示客户注意人身财产安全，注重语言私密性"。大家可能认为能按标准要求做到位就算达标了。但这方面被歹徒钻空子的案例也很典型，歹徒在大厅假装办业务，实则在偷窥那些正在取大额现金的客户，待客户走出网点大门便打劫。前两年的重庆枪手案大家应该记忆犹新。

为了提升柜台现金业务服务的客户体验，华夏银行北京分行营业部大厅推出了现金柜台私密仓（见下图）服务，在现金柜台前用磨砂玻璃设置了一个完全密闭的独立空间，客户在里面办业务，外面看不见，私密性很强，并且可以让普通客户享受到贵宾待遇，客户体验很好。

网点空间不便如此设置的，也可另想办法。如交通银行现金柜台设置了一个智能与手工盲文器二合一的密码键盘，客户与柜员之间存取款金额可以通过屏显进行交流，不用大声说，"取多少钱？""取XX万元。"同时，密码键盘的手工盲文器功能又方便了盲人客户，客户体验也好（见下图）。

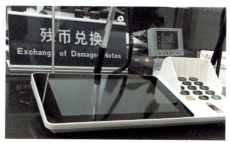

（二）个性化服务体验

网点柜台在完成日常业务外，若有能力，还可根据周边商业环境有针对性地开办业务。如工商银行扬州分行营业部开展个性化客户体验服务。一是针对周边中小商户多、商户大量小额零钞兑换需求大的情况，在柜面正常兑换零钞和提供硬币存款兑换一体机的同时，特别规定每周二为零钞零币兑换日。大大方便了周边商户，满足了其服务需求。

此外，针对代发工资等职场客户需要，组建专门团队提供上门服务，为广大职场客户节约了大量的时间和精力，获得客户好评。多年来，营业室坚持"服务创造价值"的经营理念，始终把服务工作摆在业务经营的首要位置，不断强化服务理念，不断推出创新举措，打造出了区域内较有影响力的服务品牌形象，有力促进了业务经营的持续健康发展。2013年成功创建成中国银行业"百佳"单位，并且两年来保持了良好发展势头。截至2015年末，营业室个人与对公合计日均存款余额新增26 083万元，同比增长12.10%；拨备前利润同比增长29%。各项经营指标排在同类型金融企业的前列。

中国银行业"百佳"单位中信银行贵阳分行营业部柜面服务用的电脑显示屏可以180度转动（见右图）。即柜员操作屏可自由转动到客户眼前，方便与客户进行屏幕交流，也方便客户自主选择所购产品，满足客户个性化需要。

（三）柜面服务效率体验

对于柜面服务，效率是关键。中信银行沈阳北站支行创立的"限时3分钟沙漏服务"（见下图）让人耳目一新，客户无不赞扬。"限时3分钟沙漏服务"，即2万元以下的存取款业务限时3分钟办完：在业务开始办理时柜员放置在柜台上一个沙漏计时器，3分钟沙子漏完，柜员须在沙子漏完前办完业务，客户在观赏中办完了业务，体验自然很好。而柜员需要业务素质好、手上麻利、精力集中、中途不被打岔才能在沙漏完之前办完业务。该支行多年来，"以客户为中心"，对文明规范服务工作常抓不懈，在沈阳北站地区客户心中树立了较好的口碑。该行先后被评为省级和中国银行业"千佳"单位、中国银行业"百佳"单位。2013年至今，支行客户满意度达到百分之一百，客户投诉为零，不良贷款率始终为零。连续多年人均创利稳稳地站在百万之上。效益、质量和规模在同类银行机构中名列前茅。

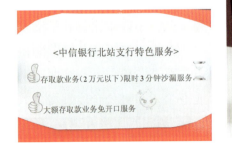

其他服务行业也有沙漏限时服务，例如，北京金融街购物中心B1有一家西贝莜面馆，点完菜后服务生便置放一个沙漏在客人餐桌上，沙漏计时开始，25分钟内沙漏计时完毕，一桌菜上齐。再加上菜肴符合大众口味，客户体验非常好，该家面馆生意自然也特别好。这与网点服务有异曲同工之妙。

二、理财与贵宾服务

《CBSS1000 2.0》第五模块之"个人理财与贵宾服务"对本区域作了明确要求，不再赘述。在此就客户体验感悟做一点分享。

（一）贵宾理财私密服务体验

贵宾理财区对私密性要求更高，私密性好与否直接关系到客户的体验，进而影响到客户的满意度与忠诚度。因此，《CBSS1000 2.0》专门要求贵宾（理财）服务区实现一对一专属服务，客户私密保护措施到位。交通银行浦东分行营业部理财室（见下右图）设置就很标准、规范。理财室设在楼上，不与普通大厅相连，而且被布置得温馨舒适、格调优雅。理财室设有贵宾客户专属通道，客户由专人接待、引导。每一位理财师都有一个独立的理财间（见下左图），木门花纹玻璃墙，既私密又能有效采光。门腰上明示了理财师姓名、理财专长等。

理财间

理财室

贵宾服务区按要求设置了现金服务窗口，采用磨砂玻璃围成半封闭状，采光与私密兼顾，形成了一个封闭、遮挡操作的独立空间（见下左图）。

手机银行体验区与电子银行体验区皆设置有隔挡板或防窥屏等私密设施。这样，凡涉及私密性业务皆形成了相对独立的客户私密空间（见下中图、下右图）。

（二）合规诚信的理财服务体验

贵宾理财的关键是要把合适的产品推荐给合适的客户，提供给客户收益与风险相对称的信息，为客户着想，帮客户所帮。切莫一个劲儿地只为销售理财产品，这易适得其反。客户到来，理财经理应主动问询客户需求，耐心了解客户理财经历、风险偏好等。对客户的疑问，要浅显易懂地予以专业回答，并详细介绍产品属性、投资方向、收益与风险情况等。在客户表达购买意向后，理财经理必须按规定对客户进行必要的、客观的、真实的风险测试评估，并得到客户本人书面确认，充分尊重客户的知情权、选择权，合规诚信地销售理财产品。

客户风险承受能力评估和以此进行的销售行为是客户体验好与否的关键，《个人客户风险承受能力评估问卷》应尽量详尽，能把客户与投资相关的情况都设计进去，由客户自己填写（如下图）。

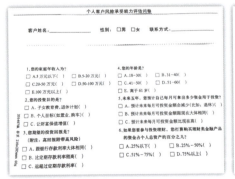

　　《个人客户风险承受能力评估问卷》可以是纸制，也可在电脑上测评。测评结束根据分值高低，一般将客户分为进取型、成长型、平衡型、稳健型、保守型五种类型。对测评结果，客户、理财经理、网点审核人三方都签字认可，然后存档。有了这个测评结果，理财师才能有针对性地推荐相应风险级别的产品给客户。测评结果分类与认定模版（见右图）。

　　近年来，银行理财在是否将合适的产品销售给合适的客户这一环节上时常遭到投诉。2015年7月中央电视台报道，上海一客户在银行买了200万元理财产品，到期亏损后把银行告上了法院，法院一审判银行胜诉，客户败诉。因为客户做过风险承受能力测评，在购买理财产品时银行进行了风险提示，客户签字并愿意承担理财风险。客户不服判决二次上诉，法院二审改判银行败诉，客户胜诉，银行赔偿客户损失，原因是客户风险承受能力测评是稳健型，而银行理财经理推荐客户购买的产品属进取型，银行把不合适的产品推荐给了客户。银行理财产品销售不能急于求成，不能忽略风险测评与结果运用等环节。

　　另外，贵宾客户应有专属网点通道，专人接待、引导。高净值客户还应预留停车位，并看管好客户车辆。业务洽谈时间较长的还可为其爱车罩上汽车罩。

（三）专业化理财服务体验

例如，客户田先生拥有净资产500万元人民币，个人风险承受能力测评结果为保守型。目前田先生有人民币资产200万元，其中现金货币类产品100万元，固定收益类产品100万元；同时还存有10万欧元和30万美元。田先生向银行提出，要对自己的整体财富作一个完整、合理的规划和配置，以实现财富的稳步增值。基于田先生的要求，理财经理为其提供如下方案：一是购买10万欧元的QDII景顺欧元货币市场基金，既保证资产的流动性又享有较高的收益；二是用30万美元投资于保守型动态配置组合产品，以实现较长期的低风险和增强型收益；三是基于公司人民币账户的高流动性需求，可以将公司账户资金购买嘉实货币市场基金，既可以获得定期存款的收益，又可以维持账户的流动性。在与理财经理交流之后，田先生对理财经理提出的方案较为满意，同意由理财经理帮其进行专业的投资理财。

在此，也要温馨提示理财经理，理财经理除了应具备专业理财知识外，还应尽量多地了解掌握如下方面的知识：一是证券、基金、债券、贵金属、房地产等；二是教育、境外投资、移民等；三是咖啡、茶艺、红酒、陶艺等；四是琴、棋、书、画、艺术鉴赏等。这样，知识面宽才能更好地与不同客户沟通。工商银行北京海淀西区支行营业部为了提升贵宾服务体验，专门开设了咖啡银行（见下图）。

三、对公服务

对公服务要求在《CBSS1000 2.0》第五模块中有12条具体标准，这里不一一讲解，网点只要按要求做到即可。此处将就进一步提升对公服务体验谈谈感悟。

（一）对公业务流程清楚、手续公开、效率透明

网点布局合理，指示明确，对公客户通过功能分区引导牌（见下图）或屏显引导牌很方便地知晓并找到所办业务区域。

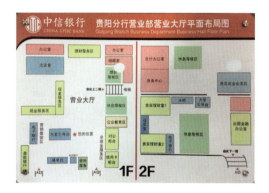

想要客户有好的体验，还需要把对公业务相关流程、手续等进行公示。如中信银行贵阳分行营业部把对公单位开户流程及所需资料（见下图）明确公示，大大方便了客户，也减轻了自己的工作量。对公业务人员并按规定时限处理业务，在答复期限内，及时给予明确的答复。

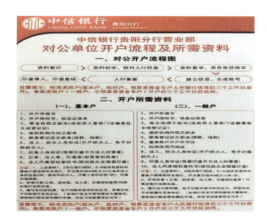

（二）对公服务智能化

随着银行服务智能化的推进，对公服务自然也要实行智能化。建设银行济南舜井支行开拓创新，推出了对公自助服务区（见下左图）。一是自助封包机。可做现金封包和物品封包。这是为小型企业和微型企业下午5点后的现金或贵重物品入账与存放提供方便服务。二是对公自助终端CTM（见下右图）。可提供回单打印、银企对账、公司账余额查询、账页打印交易查询、结算卡查询、账单真伪校验、支付密码校验、短信提醒、回单下载和其他信息查询等。三是零币兑换机。可为小商户提供零币自助兑换服务。

下一步可利用信息技术开发交易平台，将进一步提升对公服务能力。

（三）规范化服务体验

网点执行好结算管理制度，提高结算业务办理效率，不故意压票、退票。执行好"七不准"、"四公开"。不以贷转存、以贷收费、借贷搭售；在发放贷款或其他方式提供融资服务时不强制捆绑搭售理财、保险、基金等产品，客户体验自然会好。多数网点把监管部门"不准以贷转存"、"不准存贷挂钩"等"七不准"规定原原本本挂在墙上。其实这只表明了监管部门有这项规定，看不出网点的态度。若改为这样表示："本行将严格执行银监会'七不准'、'四公开'规定，做到：不以贷转存、不存贷挂钩、不以贷收费、不浮利分费、不借贷搭售、不一浮到顶、不转嫁成本。做到：收费项目公开、服务质价公开、效用功能公开、优惠政策公开。"这才表示出了网点的态度与承诺，给人的感觉与体验自然更好。

（四）方便的交易信息传递体验

过去是通过人工跑交换发送对公交易信息，同城需要一天，异地需要2至3天。现在改为网上发送，实现了实时查阅。网点同时设置电子回单柜或回单打印机等，既快捷、方便，又安全。

第五章　网点员工服务能力提升

　　网点定期和适时开展员工培训是员工获得新知识，并保持较强业务素质的保障。《CBSS1000 2.0》第六模块第一百四十六条规定，网点要组织开展文明规范服务、业务技能等培训，并记录完善。这就需要做好员工培训年度计划，每次培训结束做好培训记录。做到员工培训有计划、有活动、有记录。

　　网点员工培训内容归纳起来有服务理念与团队精神、业务知识与基本技能、服务礼仪与沟通能力、日常情景模拟训练和突发事件实战模拟训练等五大方面。

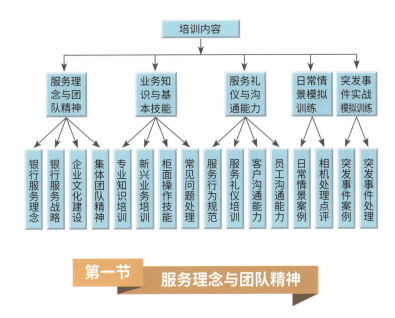

第一节　服务理念与团队精神

　　有人说服务理念看不见、摸不着，其实不然。服务理念是能看得到、能感受到和体验得到的。因为服务理念是要通过一定的物质形式体现出来，理念会物化和固化在物理形态上。服务理念决定服务行为，因此，要做好服务，必须从思想上和观念上先合格，服务行为才能合格。

一、服务理念培养

　　要想做好银行服务，首先要认识银行服务、理解银行服务，从服务思想和服务理念认知与理解入手。服务理念与服务思想的核心就是"以客户为中心"。每一位管理者与一线员工牢固树立"以客户为中心"的服务理念是做好银行服务的前提。"以客户为中心"理念的培养，除了通过课堂式灌输外，还可通过多种形式培养，"寓教于考"、"寓教于评"、"寓教于验"等。例如，2015年全国明星大堂经理考评采取了"候诊"方式进行，共12个考评环节，参赛选手可根据自己的时间和进展，安排项目参加考评。每一个项目中，每一个人的考评时间最少都需要5分钟，200多位选手，每一个项目都要排队1小时以上才能轮得上。这种设计意义之一就是要让大堂经理体验一下排长队的感受，这样就能换位体验客户排长队时的心情，从而理解客户，并改进服务（见下图）。

在事后的交谈中，大堂经理们一致表示通过此次"候诊式考评"，换位思考，充分理解了客户排队的心情，并表示回到岗位后要改进服务，做好客户分流、辅导和安抚工作，不断提高客户满意度。

二、服务战略定位

一家银行应根据监管规定，结合本身的规模大小、区域范围、指导思想来做好战略定位。战略定位包括：一是服务地域定位。即全国性发展，或区域性发展，或省、市（区）、县范围内发展，这必须有一个相对稳定的定位。这个定位决定着资源配置的范围、管理模式、运行渠道、经营效率等。

二是服务的客户群体定位。即是面向城镇居民，还是面向农村居民；是面向大中型客户，还是面向小微型客户；是以服务公司客户为主，还是以服务零售业务客户为主，须有一个明确的定位。定位准，则专业性趋强，竞争力强。若定位不准，则事倍功半，资源捉襟见肘，很难做精做强。

三是发展目标定位。即上市公司、非上市公司；大型银行机构、中型银行机构、小型银行机构；综合化经营银行、专业性银行。这决定着一家银行的经营方针与盈利模式。

四是服务手段定位。即线上银行，或线下银行，或线上与线下有机结合的银行；传统的服务手段，或智能化服务手段；通过全行资源服务客户，还是通过单一网点服务客户。

五是服务质量定位。即中国银行业"百佳"单位、中国银行业"千佳"单位和星级银行网点品质，或普通网点服务；精品银行品质，或经济型银行服务；六西格玛服务品质，或五西格玛服务品质，或四西格玛服务品质，或三西格玛服务品质等。六西格玛服务品质管理强调三点：第一，通过优良服务提高客户满意度；第二，缩短工作周期以提高服务效率；第三，减少服务与产品差错率。这些领域的改善可以节约成本、留住客户，以及树立良好的服务声誉。

以上战略定位一旦确立，就应通过各种方式和渠道，包括通过电子的和纸制的文件资料贯彻、宣传到每一个基层网点的每一位员工，或通过现场培训、远程教育等方式进行学习传达。让每一位员工都能明确总行的战略部署，统一思想，统一行动。

三、企业文化建设

参见第一章第七节"服务是文化"。

四、团队精神培养

"人在一起叫聚会，心在一起叫团队"（中信银行贵阳分行营业部团队文化），团队精神的实质是人心相聚。团队精神不是喊出来的，是按标准创建、按要求打造出来的。团队精神的培养事关一个网点的凝聚力和战斗力的形成，而凝聚力和战斗力正是一个网点竞争力的重要元素。这个元素来源于以下方面：

（一）人本关怀

人本关怀是一个网点建立团结协作良好工作氛围的基础，也是后面将要讲的职业生涯规划、激励机制与用人机制建设得以顺利实施的基础。《CBSS1000 2.0》第六模块第四项"员工权益保护与培训"第一百四十三条明确要求，网点应遵守劳动法规，不随意延长员工工作时间，确需延长劳动时间的，须按规定支付加班工薪。这就要求网点要建立健全考勤管理和加班工薪管理制度，用制度来保障员工的合法权益，通过制度规定体现对员工的关怀。

《CBSS1000 2.0》第一百四十四条，实施员工轮休及带薪休假制度，保护员工休息、休假权利。员工休假是国家给予的福利，网点应给予保障。网点应建立员工请休假制度，允许并鼓励在工作安排好的情况下，员工轮流休假。若无法整块安排休假时间，也应化整为零地让员工休满应休的假期，保护员工休息、休假权利。

《CBSS1000 2.0》第一百四十五条，员工桌椅、柜台等工作设施及环境突出人性化，并配置更衣、化妆、休息、就餐、活动、文化展示、情绪缓冲等功能区域。员工座椅靠背同样应符合人体受力曲线要求，坐感舒适，且座椅带转轴与滑轮，可转动与滑动。如中国银行浙江分行标准化员工座椅，坐感舒适，转动灵活（见右图）。

工商银行北京海西支行营业部配置的更衣、化妆、休息、活动、文化展示、情绪缓冲等功能区域令员工很有尊严，体现出营业部对员工浓浓的情意（见下图）。

广发银行济南分行营业部员工食堂就餐环境干净、整洁，一周早餐、午餐、晚餐食谱早知道，每周一便将食谱予以公示，便于员工合理安排饮食（见下图）。

《CBSS1000 2.0》第一百四十七条，注重员工关爱，开展情绪管理、减压训练、沟通技巧等辅导，保护员工身心健康。交通银行重庆江北支行营业厅把员工关爱做得很活，极大地提升了员工的幸福感与满意度，形成了快乐工作、健康生活的良好工作氛围。

建设银行浙江南浔支行开辟道德讲堂，组织员工讲述自己身边"最美建行人"先进事迹。积极推行民主管理，实行行务公开，畅通沟通渠道，倾听员工心声，关心员工职业成长，落实员工年休制和一小时下班工程，设立家属慰问金。网点设立了乒乓球室、健身房、图书阅览室；组建了浔溪文学社，摄影小组等社团组织，丰富了员工的业余生活。员工减压休息室开辟了一个让员工放松身心的休闲天地（见下图）。

该支行具有较强的团队精神，大家心往一处想，劲往一处使，近年来存贷款新增额、经营业绩、中间业务收入等在当地均名列前茅。

（二）职业生涯规划

《CBSS1000 2.0》第一百四十二条要求以人为本，注重人才队伍培养，有优秀员工奖励与晋升通道，职业环境良好。这要求网点建立人才培养规划和人事考评使用制度，疏通优秀员工奖励与晋升通道。给员工职业生涯发展规划出一个明确的引导方向。

（三）网点内部公平、公正、公开的激励机制与用人机制的建设

有了前面的用人制度、激励制度、优秀人才晋升通道，仅仅是第一步。此时的关键在于：一是看这些制度是否得到了贯彻执行；二是看执行中是否坚持了公平、公正、公开的原则。因此，公平、公正、公开地执行好相关人事与激励制度是凝聚力形成的法宝。

（四）员工个性的张扬

员工在前台营业大厅需要文明规范，一丝不苟。在后台内部文化建设中，网点可鼓励员工张扬个性，充分展示和显露自己方方面面的才华，获得同事与领导的认可、赞扬，要让员工的激情燃烧。这能使员工爆发出巨大的工作热情和创造力。

做到了以上方面，网点的团队精神和凝聚力自然会很强，这样的团队做起业务来将攻无不克，战无不胜。

第二节　业务知识与基本技能

银行业文明规范服务制度等行规行约、本行系统内规章制度、新兴业务知识、柜面操作技能、点钞技术、传票录入等都需要定期学习培训，使员工业务素质与技能始终处于良好状态。

一、行规行约及本行系统内文明规范制度培训

（一）培训内容

行规行约及本行系统内服务规范，包括中国银行业协会、地方银行业协会、系统内上级行及本行（网点）的文明规范服务相关制度规定。如中国银行业"百佳"单位、中国银行业"千佳"单位及星级网点创建标准《CBSS1000 2.0》。从2016年开始实行的、由中国人民银行发布的、针对所有银行网点的《银行营业网点服务基本要求》、《银行营业网点服务评价准则》、《银行业产品说明书描述规范》、《商业银行个人理财服务规范》、《商业银行个人理财客户风险承受能力测评规范》等多项国家金融标准。此外，投诉处理流程、渠道，突发事件应急预案，服务考核相关规定，以及其他网点先进服务经验都是每个员工应通过培训而掌握的

知识。按照《CBSS1000 2.0》第一百四十九条的要求，营业网点主要负责人、分管负责人、部门负责人、大堂经理、客户经理、理财经理、柜员等不同岗位的人员都应明确自己的管理职责、服务内容、职责范围和服务要求。

为了学习培训的需要，网点可按《CBSS1000 2.0》第一百六十九条的要求，将行规行约、系统内上级行及本行（网点）的文明规范服务相关制度规定和学习培训资料整理成册，按如下类别专夹保存：基本情况、活动掠影、荣誉展示、行规行约、内控制度、岗位职责、服务践行、服务考核、检查监督、投诉处理、应急预案、学习培训、创建活动、创优评先、服务宣传、经验交流等（见右图）。

(二) 培训方式

一是脱产培训；二是每日现场培训，如利用晨会、夕会等进行"一对一"辅导；三是远程网络培训；四是通过微信、短信移动培训；五是引进相关专业培训机构培训与"点对点"辅导等。卓越的银行源于卓越的服务，卓越的服务源于卓越的员工。建设银行南浔区支行积极完善员工学习培训制度，实施"每日一会，每周一学，每季一考，每年一评"的教育培训措施，积极开展员工培训，以及"一对一"帮扶，有效提高了员工业务素质和服务能力（见下图）。

每日一会，每周一学

每季一考，每年一评

二、新兴业务知识培训

培训内容包括互联网银行、移动银行、微信银行、直销银行、智能（智慧）银行、交易银行、数据银行、蓝海银行，以及私人银行、社区银行、电子商城、咖啡银行、书吧银行、艺术银行、教育银行等知识的培训与掌握。

新兴业务培训方式参考上述"（二）培训方式"。

三、柜面操作技能培训

主要包括人民币存款、取款、汇款、贷款业务培训；外币存款、取款，以及结售汇、货币兑换、外币汇划业务培训；存单、存折、信用卡、借记卡、IC卡(芯片卡)业务培训；理财、贵金属、保险、国债、基金、证券、代收代付等业务培训；网上银行、电话银行、手机银行、直销银行、微信银行等业务培训。此外，点钞、传票录入、印鉴凭证与假币的识别、自助机具与智能机具的使用也在培训之列。

基本技能训练行之有效的方法之一就是定期开展业务技能比武（见下图），奖励先进。

业务技能比武——点钞

业务技能比武——知识测试

四、常见问题处理培训

常见问题主要有：一是排队叫号方面，普通客户较多，客户等候时间过长，引起客户不满而引发的问题；过号后客户不愿意重新排队，与前一位客户发生摩擦而引发的问题；插队引起正常排队客户不满而引发的问题；贵宾窗口与普通窗口未有效划分，优先叫贵宾号，引起普通客户不满而引发的问题；特殊窗口（如爱心窗口）等候时间过长而引发的问题。二是自助机具故障引发的问题。三是服务行为、服务语言和服务态度方面不规范引发的问题等。

这些看似简单的问题处理不当就会导致问题升级而给网点乃至一家银行带来声誉风险。因此，可通过课堂讲解、案例分析、专业团队辅导等形式培训员工掌握解决问题的思路、相关方法和技巧。并以诚相待，实实在在帮客户解决问题。

第三节　服务礼仪与沟通能力

服务礼仪是网点文明规模服务的一项重要内容，沟通能力又直接关系到员工服务营销成果。把握得好就能吸引和留住客户。反之，则会气走客户。

一、服务行为规范

根据《CBSS1000 2.0》第六模块"员工管理"之"员工服务行为"第一百三十四条至第一百四十一条的要求，员工要微笑服务，热情周到，表情自然，有亲和力和良好的沟通能力；员工语言要规范，语速平稳，使用文明服务用语，首问使用普通话；员工服务行为要专业得体，举止文雅大方，手势自然，动作规范；员工适时与客户进行目光交流，保持对客户的自然关注；实行首问负责制，认真对待客户提问，不搪塞、不推诿，需同事协助时及时呼叫联动服务，并将客户推介至相关区域或岗位人员所在之处；坚持"先外后内"的服务原则，在客户办理业务过程中，始终关注客户业务办理的情况和进程；员工服务客户时若遇其他客户咨询业务或打招呼，应适时给予回应或示意，待与其直接交流时，向客户的耐心等待致谢；员工认真值守岗位，工作期间无聊天、大声喧哗、接打私人电话现象，不做与业务无关的事。

这些标准要求，除了需要专业讲解外，更需要通过专业人士进行点

对点的辅导方能做得到位。比如招商
银行哈尔滨分行营业部员工通过现场
"点对点"训练微笑（见右图）。

二、服务礼仪

通过服务礼仪培训，员工可掌
握服务礼仪基本规范，知晓姿态行
为动作要领，从而有利于全面提升
银行公众形象。这在第一章第五节"服务是艺术"中已介绍过，这里只
做简要概括。服务礼仪主要包括仪容礼仪、仪表礼仪、仪态礼仪和沟通
礼仪。仪容礼仪即员工容貌、发质发型、发饰修饰礼仪。员工长相是先
天的，但气质是后天培养的。员工脸上的清洁度代表着认真仔细的生活
态度；美化程度代表张扬或内敛的审美情趣；发型又能折射出职业气质
和追求。仪表礼仪即员工肢体、着装、服饰等外表修饰礼仪。员工肢体
修饰得当，着装美观、服饰整齐能给客户一缕清香，在尊重客户的同时
也得到客户的尊重（见下图）。

仪态礼仪即员工举止动作和内在气质的外在表现礼仪。员工举止稳
重、举手投足规范、有气质风度，给客户一种训练有素的感觉，能增强
客户对员工的信任感（见下图）。

沟通礼仪即员工在迎宾、语言沟通、握手、收递名片、致意、道歉、致谢、送客、电话、短信（微信）收发时应遵循的礼仪规范等。员工彬彬有礼、谈吐高雅、内在很美、有思想修养，特别能够得到中高端客户的欣赏。服务礼仪不是与生俱来的，需要银行网点加以培训。下图为恒丰银行内训师在培训表演。

三、与客户沟通能力培训

员工与客户沟通能力强与弱，直接关系到服务营销能力和客户满意度，因此，展开员工与客户沟通能力培训很有必要。狭义的沟通是员工与客户进行的语言沟通，其作用：一是可以了解客户诉求，从而有针对性地提供相关服务；二是便于识别客户，提供好相应服务；三是可获得客户在市场中打拼的相关信息，从而为客户当好市场顾问；四是通过沟通，可与客户建立良好关系和银企关系；五是可及时获得客户的意见与抱怨，及时解决问题。广义的沟通除了语言沟通外，还包括员工服务行为、网点环境、网点资源的使用，包括窗口开放情况等方面与客户的沟通。这就要求网点对客户消费行为和消费倾向进行研究分析，进行备课。例如，客户情绪管理。客户到网点办理业务一般都要求快速办理，心态容易急躁。员工就应主动舒缓客户情绪，消除客户急躁心态，积极与客户进行沟通，了解其办理何种业务，并提前告知他们预计需要等待的时间，及前面客户办理业务的情况，让客户有个心理预期。客户到银行网点来的每一分钟都是很宝贵的，不要浪费客户的宝贵时间，应尽量使客户在等待的时候有事可做。可提供大的电视显示屏，播放产品信息、服务种类、贷款流程、智能机具和自助机具使用方法、防范金融诈骗宣传等，供客户在等待时间观看。下图为某银行客户等待区（见下图）。

为了缓解客户焦急的心理，可为客户建立一个舒适的等待环境，时刻保持营业厅的干净整洁，明亮通透，可适当播放舒缓心情的轻音乐，喷洒淡雅香型的空气清新剂等。尽量为客户营造一个舒适的氛围，并为客户提供免费茶水、报纸、杂志，帮助客户享受等待的时光。

例如，中信银行在网点开设"云舒馆"（见下图），客户凭卡选书妙趣横生。中信银行卡(包括储蓄卡和信用卡)的全体持卡人，均可免费享有此项服务资格。"云舒馆"以中信银行卡作为借书凭证，通过刷中信银行卡预授权的方式，可从"云舒馆"免费借阅15天。若持卡人在15天内向任意一网点或机场"云舒馆"完好归还所借图书，则解除预授权，归还押金。若客户喜欢所借图书可以不还，则15天后预授权生效，视同客户自愿按图书定价购买。既帮客户利用好了等待时间，还为客户免费阅读和购买图书提供了增值服务。

另外，要避免让客户看到不直接参与客户服务的员工和资源。在等待的时候，进入客户视线的每个员工都在忙碌地工作，这会增加客户的耐心。相反，如果看到有些员工和资源闲置在一边，会助生客户的焦急情绪。

以上员工与客户、网点与客户沟通能力的获得除了常规培训外，更来自于实践与创新。

四、员工之间沟通能力培训

员工之间沟通协调默契与否直接关系到网点内部业务办理效率。员工之间的沟通需要相互积极主动配合，可以是面对面文字语言沟通，或肢体语言沟通，也可借助相应设备进行沟通。这种能力需要长期的培养、培训与造就。此外。员工沟通能力的提升，还需借助其他资源。首先，需要一套严格的制度和流程，得到各岗位工作人员的普遍认同，具有很强的操作性和指导性。其次，各岗位衔接需要经常性的演练，提高衔接的流畅度。员工可针对实际工作中可能出现的情况，利用晨会、夕会与各岗位员工进行分角色演练。最后，还需要硬件的支持，对于营业面积比较大，分区分散的营业网点，可为柜内外各重要岗位人员配置便携式对讲机，方便柜台内外、各岗位工作人员之间的联系。或者配置呼叫式腕表，呼叫器安置在柜台内，腕表由员工佩戴，事前约定呼叫的数字代码，如"1"表示需要服务人员提供复印或凭证填写的服务帮助。"2"表示目前客户为潜力客户，有理财的需求，需要介绍给理财师。"3"表示客户有抱怨情绪等。数字代码由柜内外商定后使用。正如《CBSS1000 2.0》第一百二十五条的要求，营业网点各岗位建立联动响应服务机制，通过配置呼叫设备、使用管理手语等方式，实现各服务环节的互动交流、联动协作服务。下图是中信银行贵阳分行营业部联动协作服务。

第四节　日常情景模拟训练

我们可以把日常发生在网点大厅的问题作为案例，搬到员工培训现场，设置相应的网点场景，实景模拟培训。以下列举几个常见案例，供分享。

一、柜面争吵案例

（一）场景过程

一天，客户走进银行网点赎回基金，并开办网银。

大堂经理迎上问候：您好！欢迎光临！请问您办理什么业务？

客户：您好！我要赎回我的基金，再办个网银。

大堂经理：好的。

同时帮客户取了号并递给客户：这是您的号码，请您在3号窗口办理。

柜员：您好！办什么业务？

客户：我要赎回我的基金，再办个网银。

柜员：把您的身份证和银行卡给我。

（客户把身份证和银行卡递给柜员，柜员办理基金赎回业务）

柜员：基金已经赎回了，您填网银的申请单了吗？

客户：哦，没填，您给我一份，我现在填。

柜员：去填单台填好了再过来。

（客户去填单台填单子，填妥后走回柜台）

柜员：70元。

客户：啊？怎么那么贵？不是都是免费的吗？

柜员：给您办了U盾(UK)，安全性更高！

客户：我不想办那么贵的，你们没有免费的吗？

柜员：现在改不了了，已经办了。您就用这个吧。

客户情绪激动大声地说道：你也没问我啊！不行，我不交钱，你这个人怎么这样啊，我要投诉你！我不交钱！

（二）问题分析

问题的关键，一是柜员未事先告知客户办理U盾（UK）要收费以及收费标准，侵害了客户的知情选择权。二是当客户表示不满时，也未做耐心解释，而生硬地说"现在改不了了，已经办了"。

（三）考官点评与处理要点参考

一是大堂服务人员当得知客户要办理网银时就应提示客户需要填写开办网银申请单（表），并告知客户相关业务知识、流程和收费标准，让客户知情并自主选择。

二是大堂服务人员听到客户不满，应尽快地走过来询问原因，通过耐心、详细地向客户解释来解决问题。若解决不了，则应引领客户离开大堂，到一个独立的空间，比如理财室的单独区间，进行耐心解释。

三是对于柜员未事先提醒客户办理U盾（UK–UKEY）要收费和收费标准的不规范行为，向客户赔礼道歉，安抚客户情绪。

四是找办法解决问题。只开网银一般是免费的，但若要做交易就需要办一个U盾（UK）。U盾（UK-UKEY）就是客户开通网银做交易的安全钥匙，没有这把钥匙，客户的账户信息与资金的安全就没有保证。U盾（UK-UKEY）收费属市场调节价范围，所收取的费用也就是个成本价。网银和手机银行通用的U盾（UK-UKEY）每个收取70元，只用于网银的普通U盾（UK-UKEY）每个收取40元。各银行之间在收费与优惠方面还有所差异。向客户介绍清楚后由客户自由选择办理何种U盾（UK-UKEY），办与不办都由客户决定。

若客户决定要继续办理，则选择一个已办完业务的柜台抓紧办理，若后面有客户等待应向其解释说明。或若贵宾区有空则直接在贵宾区给办理。

五是教育柜员应尊重消费者的知情选择权，若有费用问题应事先告知客户，保护好消费者合法权益。同时柜员用语要规范，如在"把您的身份证和银行卡给我"前面加个"请"字，即"请把您的身份证和银行卡给我。"

二、普通客户抱怨贵宾客户

（一）场景过程

一天，一位客户张先生（普通客户）走进营业厅办理业务。

大堂经理上前迎候问道：您好！欢迎光临！请问您办理什么业务？

张先生：我想申请网上银行。

大堂经理：好的。

大堂经理同时帮张先生取了号：这是您的号码，请您在大厅休息区等待叫号。

张先生：20号？咋那么多人啊？

大堂经理：请您耐心等候，谢谢。

（此时，一位贵宾客户王先生走进了营业厅）

贵宾客户：您好，这是我的贵宾卡，我要汇款。

大堂经理：好的，我帮您取号，这是您的号V1，请您在休息区稍等。

（叮咚，请贵宾客户V1到3号柜台办理。贵宾客户王先生起身走向3号柜台）

张先生大声喊道：我们都等着呢，他怎么先办了？他怎么不排队啊？

（贵宾客户王先生转身看了一眼张先生，继续走向柜台办理业务。大堂经理快步走到张先生面前进行安抚）

张先生还在高喊：有钱了不起啊？银行真是看人下菜碟！

王先生回了一句：你要不也想个法子变成VIP就不用久等了。

王先生也喊上了⋯⋯

（二）问题分析

问题的关键在于：一是该银行网点未按《CBSS2000 2.0》行业服务标准要求实行分区服务，贵宾客户与普通客户同在大厅办理业务。二是当客户表示出对人多不耐烦时，大堂服务人员未做任何安抚。三是大堂服务人员未对贵宾客户王先生进行自助服务分流引导。四是网点对贵宾客户未按标准要求实行专人接待引导。

（三）考官点评与处理要点参考

一是大堂服务人员在客户对人多表现出不耐烦情绪时，就应主动做安抚工作，如取杯水或饮品安抚客户，并主动与客户沟通，了解需求，甚至拉家常，进一步挖掘客户服务营销价值；同时也是在分散客户注意力。

二是当得知王先生是办理汇款业务时，其他大堂服务人员应主动引导王先生到智能机具或自助机具上办理，现在的自助设施完全能满足客户的日常汇款、转账需求。

三是当自助设施无法办理时，对贵宾客户应有专人接待、引导，主动与其沟通，将其注意力引导到即将要办的业务上，让其忽略张先生的情绪而不接话茬儿。

四是若争执避免不了，则应分别给两位客户做解释安抚工作；并快速给王先生办完业务，让其尽早离开现场。避免矛盾升级，避免其他客户被带动情绪，维持营业大厅秩序。

五是事后推行网点分区服务，使贵宾客户与普通客户业务不要在同一区域交叉。

三、客户接到诈骗电话前来汇款

（一）场景过程

有一位刘奶奶是网点的老客户，儿子在国外工作，老人常常来办理结汇业务。今天，老人接到电话说儿子做手术，让给汇款，这便来到了营业厅。

大堂经理：刘奶奶，您好！您今天办什么业务啊？

刘奶奶神色慌张：姑娘，我要汇款～我着急～

大堂经理：刘奶奶，您要往哪里汇款啊？汇给什么人啊？

刘奶奶掏出手机：姑娘，我刚才接了个电话，说是美国打来的，说我儿子在美国出了车祸，让我汇钱到这个账户，等着做手术呢！

说罢刘奶奶哭上了。

大堂经理：刘奶奶，您别着急，您与您儿子联系过了吗？

刘奶奶：他躺在医院病床上，我怎么联系呀。快，别多问，救人要紧，耽误了，你们负不起责任。

（二）问题分析

这是典型的电话诈骗，银行工作人员应帮助老人避免财产损失。

（三）考官点评与处理要点参考

一是问清其儿子姓名，查看与老人手机电话是否相符；或看是否美国区位号，发现疑点。

二是向老人要来其儿子的手机号码并及时联系，确认其真实情况。

若老人记不住儿子的电话，可询问老人其他亲人联系方式并及时联系。

三是告知客户可能是诈骗电话。

四是请老人的家人来协助解决问题。

五是在前面都无法奏效的情况下，可求助110。

类似的案例还有中奖诈骗电讯等，处理方法相似。

四、存款变保险，引发客户投诉

（一）场景过程

（一位客户走进营业大厅）

大堂经理：您好！欢迎光临！请问您办理什么业务？

客户：你好！我要取6万块钱，已经预约了。

大堂经理：好的。并帮客户取了号递给客户道：这是您的C60号，请您到休息区稍等。

（叮咚，请C60号客户到5号柜台办理。客户走向5号柜台）

柜员：您好！请问您办理什么业务？

客户：你好，我要取6万块钱，这是银行卡。

柜员：好的，您稍等。不好意思，先生，您的钱已经办理保险业务了，取不出来。除非您退保才能取出来，但是要扣一部分手续费。

客户：怎么可能？怎么是保险？我去年来存款的时候，你们的员工跟我说你们推出一款新的存款方式特别好，比银行存款利息高，一年存1万，存期5年，还有分红。当时，我只存了1万，另外5万还在我的卡上啊！怎么变成保险了？

柜员：对不起，先生。您这是一种保险业务。如果您着急用钱，现在退保的话，需要缴纳一定比例的手续费。请问您要退保吗？

客户：啊，不但没有利息，还倒要交那么多手续费？当时那个工作人员呢？你让他出来！你们领导呢？我要投诉！

（二）问题分析

问题关键：一是工作人员在向客户推荐这款产品时未向客户说明产品性质属保险。二是未说明每年要续投1万元，不能提前支取。三是由于客户不知情，故未能自主选择。

（三）考官点评与处理要点参考

一是耐心向客户解释，向客户表示歉意。同时告知客户在签字时要详细了解产品，仔细阅读相关产品说明书。退不退保由客户自主决定。

二是加强对第三方代理公司的管理。按《CBSS1000 2.0》第八十五条和第八十六条的要求，第三方驻点人员若使用营业网点内机具及台面的，需明示所属单位，不得冒用银行名义进行产品宣传和营销行为。其着装与银行员工应有明显区别，规范佩戴明显胸牌，便于客户识别，言行符合银行礼仪基本要求。

三是规范网点代理第三方产品销售行为。

四是告知客户若购买保险可以使用"犹豫期"。有的保险公司为投保人设定有"犹豫期"，即自投保人收到保险单并书面签收之日起，投保人有15个自然日或其他期限的"犹豫期"，若客户在此期间退保，保险公司将无息退还客户所交纳的全部投保资金。

五是网点做到明码标价，产品信息公开透明，让消费者充分享有知情选择权，保护消费者合法权益。

五、自助机具吞卡、吞钱

（一）场景过程

客户在网点自助银行使用ATM机存款，先是钱被吞，后来卡也被吞了。

客户：有人吗？

大堂经理：女士，有什么事情，需要帮助吗？

客户：我的钱被机器吃掉啦！这卡上没显示存上钱了。这会儿把我的卡也吃下去了，这怎么办呀，赶紧给我想办法解决吧。

（二）问题分析

自助机具吞钱、吞卡的事偶有发生。一个原因是有的客户操作不当。比如：三次输错密码、延时未取卡等。二是机器陈旧老化或系统原因。

（三）考官点评与处理要点参考

一是在行式自助机具若营业时间内可及时取回处理；非营业时间可在下一个工作日取回处理。离行式自助机具应在三个工作日内取出给客户。

二是要履行好吞卡交接、记账入库、领卡审核、记账出库、客户取卡等一套严密的程序，确保客户银行卡与资金安全。

三是对超过一个月以上无人认领的银行卡，含止付卡、挂失卡、遗失卡等，经双人复核后，作切角处理，并登记保管。

第五节　突发事件处理

应变处理训练主要为提高营业网点员工当发生突发事件时的应变与处理能力。根据中国银行业协会印发的《中国银行业营业网点服务突发事件应急预案》，营业网点发生突发事件是指营业网点无法准确预测发生、与客户服务密切相关、影响营业网点正常营业秩序、需立即处置的事件。包括网点挤兑、网点业务系统故障、抢劫客户财产、自然灾害、客户突发疾病、客户人身伤害、寻衅滋事、营业网点客流激增、不合理占用银行服务资源、重大失实信息传播，以及其他影响营业网点正常服务等11类事件。

遇到各种突发事件时，员工应熟知自己的职责及处理流程，能按照《中国银行业营业网点服务突发事件应急预案》立即启动应急预案，并按程序报告系统内上级相关职能部门，报告内容主要包括事件发生的地点、时间、原因、性质、涉及金额和人数以及事件造成的主要危害、客户反应、事态发展趋势和采取的应对措施等。下面列举几个典型案例及处理方法供分享。

一、老人突发心脏病

（一）场景过程

一位年迈的老奶奶慢慢地走进了银行营业厅。

大堂经理：您好！请问您要办理什么业务？

老奶奶：姑娘，我想看看我这折子的定期是不是到期了，我想把它取出来。

大堂经理：好的，我帮您取个号。

老奶奶：谢谢。

大堂经理：老人家，请到我们爱心座椅休息一会。

老奶奶刚入座一会，突然手捂胸口：哎呦！做疼痛状。

（二）问题分析

老人突发疾病，可能是心脏病发作。

（三）考官点评与处理要点参考

大堂服务人员应立即上前帮助老人，然后，一是立即拨打120，联系紧急医疗救护，疏导救助通道，协助医疗救治。

二是询问老人的家属或单位电话等联系方式，及时通知家属或单位。

三是保护老人财产和资料安全。

四是维护营业网点正常秩序。

二、系统出现问题，无法办理业务

（一）场景过程

（客户田先生直接走向大堂经理，客户李女士取号等待办理业务，柜员在柜台后就坐）

大堂经理：您好！请问您办理什么业务？

田先生着急地说：我要购汇，要兑换4 000美元。

大堂经理：好的，您取一个号，稍等，一会儿柜台就给您办理。

（同时柜员叫号，轮到李女士办理业务）

柜员：您好！欢迎光临！请问您办理什么业务？

李女士：你好，我想给在北京念书的孩子汇5 000元钱。

柜员：好的，请问您使用现金转账还是直接用现金汇款呢？

李女士：我直接用卡给他转账。

柜员：好的，请您将您孩子的名字和卡号填写在单据上。

（此时，客户们正在等待办理业务，但柜员发现无法办理业务，系统出现问题，将情况告知大堂经理。）

柜员：谭经理，系统出故障了，所有业务都办不了。

（二）问题分析

一是系统运行不稳定可能出现类似问题。二是可能遭遇网络攻击出现问题等。

（三）考官点评与处理要点参考

一是安抚田先生和李女士及其他客户，表示歉意。此时，网点大厅秩序容易混乱，应安排后台人员到大厅协助安抚好客户。

二是及时上报，逐级报告，按程序登记抢修。

三是在保证客户隐私的情况下，有效甄别客户，主动引导并协助李女士到自助区域（包括ATM机具和自助网上银行）办理，同时引导其他客户尽量到自助银行或网上银行办理，有效解决客户需求。

四是必须柜台办理的客户，如田先生，主动询问其联系方式，待系统恢复后通知他到网点，尽快为其办理。

五是尽快在银行网站说明这是因技术问题而导致的临时故障，很快会解决。避免舆论误传银行取不出钱的现象发生。

三、制止劫匪，保护客户财产

（一）场景过程

当客户孙女士、丁先生办理业务时，劫匪戴鸭舌帽、口罩，走进网点打劫客户钱财。

大堂经理：您好，欢迎光临！请问您办理什么业务？

孙女士：您好，我取一笔钱。

大堂经理：好的，我帮您取个号。

大堂经理取过号递给孙女士：这是您的号码，请稍等。

同时，丁先生已取完号，在等待区等待，大堂经理走向劫匪。

大堂经理：您好，请问有什么可以帮您吗？

劫匪：没有，我就存款，你别管我。

大堂经理：好的，那您稍等。

孙女士取完款，劫匪上前用刀挟持，并抢劫钱款。

劫匪：都别过来，不许报警，不然我捅死她。

（二）问题分析

这是一起持械打劫网点客户钱财的案例。

（三）考官点评与处理要点参考

一是柜员应及时按下报警钮报警，同时报告上级主管、行长等。

二是大堂服务人员迅速疏散客户离开网点，确保其他客户安全。

三是大堂工作人员协助保安与歹徒周旋，甚至可以从自己口袋里掏钱给劫匪以拖延时间，并让保安寻找到制伏劫匪的机会然后制伏劫匪。

四是拖延到警察到来，协助警察制伏劫匪。若劫匪逃窜，要记住劫匪高矮胖瘦、口音衣帽特征等，以利破案。

五是保护好现场及监控录像资料。尽快恢复网点正常营业秩序。

四、柜员多付款，客户带着记者来还钱

（一）场景过程

一天客户刘先生带了一位记者来到网点，记者扛着摄像机。

大堂经理：您好！欢迎光临！请问您办理什么业务？

刘先生：你好！我来还钱。今天上午在你们这里取2 000元钱，等我回家后发现你们多给了我18 000元，这会儿我带着我的朋友来，请他作个证明，把钱还给你们。

大堂经理：刘先生您可以进来，但记者不能进来，我们网点不能

录像。

刘先生：我带我朋友来就是要作证的，你不让他进去，怎么作证呀？这不行。

大堂经理：我们领导不在，开会去了，今天这就快下班了，你们明天来吧。

刘先生便与网点人员争执起来，营业大厅秩序混乱……

（二）问题分析

这个案例的问题：一是柜员上午确实把20 000元当2 000元付给客户刘先生了而此时并未发觉。二是大堂工作人员并未及时电话报告请示其上级主管及支行长。三是把客户刘先生及其朋友堵在了网点门口。

（三）考官点评与处理要点参考

一是网点员工应在问明白刘先生来意后，一边把刘先生及朋友引到独立空间休息，递上茶水或饮品，安抚好客户，一边请示柜台主管让那位柜员清理核对钱款。同时，网点员工电话请示上级主管或行长，寻求帮助。维护好营业大厅秩序。

二是当员工通过核对钱款或调阅录像核实清楚是多付款后，陪同客户刘先生的员工应向刘先生表示衷心感谢，适时夸赞刘先生。并礼貌引领刘先生至独立的贵宾现金窗口退回那18 000元钱款，再三道谢。

三是网点安排车辆或叫的士送刘先生及朋友回家，并同时询问刘先生（若刘先生坐的士来网点的）的士发票，并立即先行垫付回程的士发票钱。

至此，刘先生的朋友自始至终地见证了友好沟通的全过程，即使拍了几张照片或摄了一段录像，银行网点表现出的服务行为都是友好的态度和知错就改的形象，不会引起恶性反应。

五、挤兑

（一）场景过程

某日下午，某农商银行设在某产业园区的一个网点遭遇近千群众挤兑现金，原因是由一则该行要"倒闭"的谣言引发的。挤兑发生后，该行调集大量现金供应储户，保证储户兑付到位。又及时澄清事实，最终才平息了一场不应发生的挤兑风波。

（二）问题分析

为何一个农商行网点这么容易引发挤兑风波？一是当地近年来发展了数十家担保公司，时有担保公司老板跑路现象发生，老百姓被担保公司骗怕了，担心银行也有问题，故而当地居民对银行十分关注与敏感。二是当地互助社在两年前曾经历了信用危机，一天之内上百户村民前去挤兑提款，互助社现金迅速被提光，让当地居民心有余悸。以至于一则"某行倒闭"的谣言一流传，便一传十，十传百，引发了挤兑风波（见下图）。

（三）考官点评与处理要点参考

营业网点遇到挤兑，应按照《中国银行业营业网点服务突发事件应急预案》立即启动应急预案，果断处理。

一是营业网点迅速组织应急处理团队，及时疏导客户，防范客户过激行为，维持营业秩序。

二是营业网点负责人应迅速到达现场，第一时间向系统内上级突发事件应急处理工作办事机构报告。并同时向监管机构、人民银行、中国银行业协会报告。

三是营业网点应急处理团队应及时辟谣，安抚客户，全力做好宣传和解释工作，控制事态恶化。

四是请示人民银行紧急调拨充足的现金，保证正常兑付。同时请求上级行增调安保人员，以及请求公安部门派人到达现场维持秩序。

五是请示监管机构或中国银行业协会尽快在网上发布澄清声明，消除影响，避免事态扩大。

　　开展以上情景模拟训练方式：一是可以由协会、总分行、地市行组织，或专业机构组织进行现场模拟培训。二是在对员工进行业务技能考评时作为考题，以考代训或以评代训。三是可将相关案例印制成册，发给员工阅读。既然是情景模拟训练，自然需要布置像网点一样的模拟现场，增强模拟训练效果。

　　在现场模拟训练中，不同的员工对上述问题的处理会有差异，考官应根据员工的表现做出相应的点评与处理要点提示。

第六章　建设卫星银行
实现网点集群服务

卫星银行指的是由一家综合旗舰银行网点为主，周围东西南北遍布社区银行（值守银行）、自助银行、智能银行，以及单台穿墙式自助（智能）机具设施而组合成的银行网点集群，向客户提供一系列多元化、全天候，方便、灵活、快捷的集群服务。随着技术的进步、劳动生产率的提高，银行网点的劳动组合、业态形式都在悄然发生改变。在经济快速发展的现代社会，银行网点竞争力应善于在网点集群服务中体现出来，形成网点组合竞争力。卫星银行就是这个时代催生的产物。

第一节　卫星银行未来网点布局的方向

随着产业经济的转型升级，银行网点也需转型升级才能不断满足经济发展的需要。而一家银行的网点转型升级，在关注网点内部服务流程、服务渠道和服务产品转型升级的同时，也需要研究网点在一个城区，乃至一座城市的整体布局，以及网点与网点之间的呼应，以实现服务效能最大化。

一、卫星银行布局

网点对客户群体服务半径既不能重合，又不能相离太远，两圆相切的服务边际效益最大化。卫星银行既可有效满足服务的全覆盖问题，又可节约网点面积、节约人力，节省成本，还能形成网点组合竞争力。手工操作时代，单一网点可以不考虑群体协作，但智能时代的银行网点应综合考虑网点的统筹布局，对客户群体服务的覆盖面。卫星银行布局见下图。

当然，现实中不一定分布得这么均匀，各种分布情况都有，只要沿着这个思路去布局便可。卫星银行突破了单一网点的服务边界极限和服务能力极限，形成了综合化、集群化、地毯式覆盖服务模式。多个卫星银行群连成片，便能很好地覆盖市场，银行服务能力成倍增长。

实　例　交通银行延安分行模式

交通银行延安分行成立于2012年5月，分行营业部营业大厅面积约1 000m²，分为五个营业区和五个客户体验区。普通区主要服务大众客户，交银区主要服务中端客户，沃德区主要服务高端客户。分行共有员工52名，其中营业部24名，平均年龄26岁，全部是大学本科以上学历，其中还有CFP国际金融理财师和AFP金融理财师。营业部位于市中心主干道上。

四年来，以这个营业部综合化旗舰网点为核心，以科技创新服务大众为基础，以客户满意为目标，深入推进"人工网点+电子银行+客户经理"三位一体发展。在全市主要商区、市场、社区、园区、学区等布设了3个普惠型社区银行、2个智能型全功能自助银行、7个常规自助银行、5台离行式自助机具，共计投放包括自助发卡机、ITM智能柜员机、网银终端在内的各种自助机具56台。初步形成了以综合化物理网点为支撑（2015年底又新增设1人工物理网点），电子银行延伸服务涵盖延安大型商圈、市场、社区、园区的"1+1+17"卫星银行服务体系格局（见下图）。

这种卫星银行服务体系格局给客户以全新体验，客户群体不断扩大。从经营成果来看，2012年末，网点成立之初，分行当年实现各项存款9.68亿元，各项贷款余额2.2亿元，中间业务收入83万元。2015年末，各项存款余额达29.70亿元，翻了3倍多；各项贷款余额14.03亿元，翻了6倍多；年度不良贷款率为0；中间业务收入1 518万元，翻了18倍多；税后利润5 100多万元，较2013年翻了3.6倍；人均利润由三年前的64万元上升到98.58万元；分行综合计划完成率达112%，列全省第二名。因提前晋级而获得了交通银行总行董事长、行长奖励基金奖励。

2015年，交通银行延安分行营业部通过开展《CBSS2000 2.0》达标对标活动，建立健全规范服务体系，开展全面的服务技能培训，定期开展满意度调查、不断改进服务，服务让老区人民满意，建立健全投诉处理机制，关爱员工与勇于担当社会责任等，成功被评为中国银行业"百佳"单位。

二、消费者调查

根据银率网的市场调查，2015年客户使用银行服务渠道最多的是网上银行，占83.24%；其次是ATM自助服务，占72.04%。网上银行和ATM的使用频率已经超过了网点柜面，网点柜面服务由过去的第一位降为现在的第三位了。说明卫星银行集群化服务模式正符合互联网大数据时代下，客户使用银行服务渠道由柜台化向离柜式转化的大趋势。银行日常业务自助化正得到广大客户的认可，其趋势正在强化。客户使用银行服务渠道占比情况见下图：

2015年客户常用的银行服务渠道

第二节 **卫星银行助推网点服务供给侧改革**

银行产品与服务目前还主要是由银行网点提供，随着经济和产业的转型升级，银行网点服务与产品供给侧改革也势在必行。卫星银行正是网点服务供给侧改革的一种有效模式。卫星银行利用网点群体服务覆盖效用对业务宣传、客户拓展，尤其对个人金融客户和个人金融市场拓展能起到有效的助推作用。

一、个人金融业务的助推器

在已知晓本行或市场客户工作区和生活区的情况下，在目前各行从严控制成本费用的前提下，要想大量布设单一人工网点，为他们提供全覆盖的金融服务，是不现实的。通过轻型集群化卫星银行成片相连，提供全覆盖金融服务就容易得多。对客户覆盖面广，服务到位，自然助推个人金融业务发展。另外，若一家银行新到一个地方拓展市场，靠单一一个或几个物理人工网点去占领市场，不如通过建设卫星银行模式速度快、效率高、影响面大。如上节所说的交通银行延安分行模式就是很好的例证。

客户持有的银行有形服务介质由过去的存折、存单和银行卡等演化成现在的以银行卡为主。据中国人民银行发布的2015年支付体系运行情况显示，全国银行卡在用发卡数量50亿张，其中借记卡在用发卡数量超过46亿张，信用卡在用发卡数量超过4.3亿张。这就是说，13亿中国人平均每个人拥有3.5张（借记）银行卡，按国家统计局公布的城市城区户籍人口3.86亿人计算，每一个城市居民平均拥有1张以上信用卡。如此庞大的银行卡用户，仅靠银行物理网点是难以满足银行卡服务需求的。通过发展卫星银行，提供大量自助、智能银行和自助机具，提供24小时全天候服务，便可有效满足银行卡服务需要。

从市场调查来看，客户多数是在银行网点办理银行卡。例如，在网点办理信用卡的客户占比高达62%；在银行官网办理信用卡的占32%。

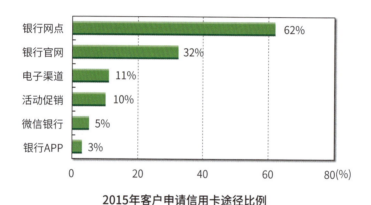

2015年客户申请信用卡途径比例

由上图可以看出，一方面，综合化的旗舰网点仍然是一线服务的主力。另一方面，网点办理了大量银行卡，就需要有大量的设施来提供服务，否则无人办卡。反过来，哪家银行的自助银行、智能银行及自助机具多，布放合理，使用方便，便能促进银行卡业务发展。卫星银行模式提供的现代智能自助设施就十分方便持卡人。

不仅如此，与银行卡相关联的业务发展同样得到促进。中国人民银行数据显示，全国信用卡信贷规模在2015年继续增长，2015年第一季度末，信用卡授信总额为6.23万亿元，同比增长29.79%。

二、优化整合银行网点，提升网点服务品质和网点品牌价值

（一）优化网点功能，提升服务品质

整个银行业目前拥有法人机构4 260个，网点22.45万个，有力支持着经济社会发展和服务于广大居民。与此同时，网点在自身发展中也暴露出一些亟待改进的问题。如：不少网点业务规模小，服务能力弱、效能低、增长乏力；一些网点客户基础相对薄弱，一年内不做交易的账户需以亿计；网点柜面业务结构亟待调整，柜面资源利用率不高；网点人力资源配置有待进一步优化；网点综合化服务能力有待增强，不少是不能办理对公业务的单一网点，尚未发挥出银行网点应有的功能。可通过卫星银行模式对一些低效网点进行整合提升。例如，对3个地域相邻的低效小网点，可整合成2带1或1带2，即将居中网点整合成智能自助银行，将人员分派到另外两个网点，加强其综合化经营能力。或者将两侧网点整合为智能自助银行，将人员集中于中心位置的网点，建设综合化品牌网点。实践中将资源集中于哪一个网点，还需要视其客源基础而论，不能机械地为了整合而整合。

（二）细化对不同收入人群的需求服务

从市场对金融服务需求一侧调查情况来看，不同收入人群对金融服务的需求和选择什么样的银行办业务是不一样的。消费者选择不同银行办业务的因素见下图。

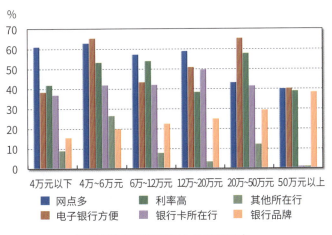

消费者选择不同银行办业务的因素

从上图中可看出，年收入4万元以下的客户最看中的是银行网点多这个因素，其基本金融服务需求就是简单的存取款、取工资、取养老金等，网点多方便。年收入4万元至20万元的，除看中网点多的因素外，对电子银行和利息收入因素很看中，在这个阶层，年青人较多，对电子银行、手机银行、微信银行等新兴金融渠道热衷。同时，这个阶层的人有一定资本积累，对利率高低因素也较关注。年收入20万元至50万元的人对物理网点多的因素就不在意了，对电子银行等现代金融工具和利率高的因素却十分看中，这个阶层的人既现代又时尚，追求资本的高回报。年收入在50万元以上的人士对网点多、电子银行方便、高利率等因素不看中了，这个阶层属高收入人群和成功人士，其中不乏高净值人士，由追求高资本回报转而更看中资金安全，金融消费上追求银行品牌和功能齐全、综合化能力强的品牌（精品）网点。从图中也可清晰看出，人们随着收入的增加，对银行品牌和品牌网点追求就越来越高。

（三）启示

建设卫星银行正好能匹配不同收入人群的消费需求，细化客户服务。

启示一：通过在行式和遍布周围的离行式自助银行、智能自助银行，以及众多的单体自助智能机具，满足年收入在20万元以下人士的日常金融服务需求。

启示二：综合化的物理旗舰网点侧重服务好年收入20万元至50万元和50万元以上的人士，以及解决自助银行、智能银行无法解决，必须人工服务方能解决的问题。

启示三：年收入在50万元以上的客户金融服务需求多，网点除了做好常规服务外，一是可请进来做各种艺术沙龙、学术沙龙、健身讲座、理财沙龙、传统文化沙龙等。二是可利用网点的场地条件给VIP客户作高端产品宣介会、展示会等。

启示四：技术进步解放出来的人手，一是可走近客户，了解需求，增强粘性。二是在大厅或在行式自助银行辅导客户做业务；或在值守银行辅导客户做业务，做服务营业工作。三是做信贷协理员，到贷款户了解生产经营情况、商贸情况，看看它们是否正常运转。把文字材料或影像资料等拿回行里分析研究，以防范风险。

第三节　卫星银行延伸网点服务

卫星银行模式可以使综合化物理网点把服务功能作用辐射更远、更广，惠及更多客户，相比而言，这种模式在城区布设更便于考量与评估。因此，这里将重点分析卫星银行在城区延伸服务半径情况。

一、延伸服务半径

根据国家统计局公布的数据，全国城区面积有18.41万平方公里，又根据政府机构已披露的2015年数据得知，包括大型商业银行、股份制商业银行、城市商业银行等在内的商业银行在城市里的营业网点有9.07万个，平均每2平方公里有一个银行营业网点。通过圆面积公式，我们得知营业网点的平均服务半径为800米。全国拥有17.05万个自助银行，平均每平方公里将近1个自助银行，每个自助银行平均服务半径为600米；全国拥有自助机具82.88万台，平均每平方公里4.5台，每台自助机具平均服务半径300米。即在充分竞争下从全行业范围来测算，卫星银行以综合化物理网点为圆心，以方圆800米为半径，在1.4公里处商区（或学区、或社区等）设置一个自助银行，使服务半径延伸到了2公里。在2.3公里处有金融服务需求但不够设置自助银行的地方，设置ATM，或ITM，或VTM，或网银体验机、自助发卡终端机等。在人手不增加的前提下，最终使处于核心位置的综合化旗舰网点服务半径由800米延伸扩展到了2.6公里，这也是卫星银行模式内平均最短的服务半径（见下图）。

银行业银行网点、自助银行、自助机具服务半径模型

二、合理设置服务半径

各家银行可以测算本行网点对客户的服务半径，从而合理设置卫星银行。全国性银行在全国范围进行测算、设置；区域性银行在区域范围内测算、设置；也可按城市或城区进行测算与设置。

（一）卫星银行内半径相切，内部集群服务边际效益最大

卫星银行群内物理网点服务半径与离行式自助银行服务半径相切，离行式自助银行服务半径与自助机具服务半径相切，卫星银行的集群内部服务效应最强，边际效益最大（见上图）。若卫星银行群内服务半径过宽，势必鞭长莫及，难以形成集群服务效应。卫星银行群内物理网点与离行式自助银行服务半径相交重合，则自助银行、自助设施等资源投入就会出现重复浪费（见下图）。

（二）卫星银行集群之间服务半径相切，市场覆盖边际效益最大

卫星银行之间服务半径相离，距离过宽难以全面覆盖市场。卫星银行之间服务半径相交重合，同理会造成资源重复投入。卫星银行之间服务半径相切，市场覆盖效应最强，市场覆盖边际效益最大（见下图）。

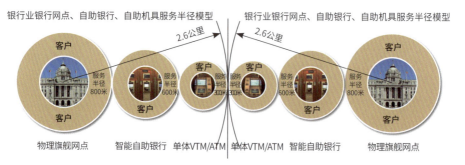

两卫星银行网点群体相切图

（三）卫星银行延伸服务的考量思路

关于卫星银行如何延伸服务半径，除了上述地域覆盖考察方法外，也可从以下几点来考察：

1. 服务人口分析方法

通过网点服务的人口数量来考量卫星银行所延长的服务半径。按国家统计局2014年末公布的数据，我国拥有城市户籍的人口3.86亿人，在城市城区暂住人口0.60亿人，总共4.46亿人口享用城市银行金融服务。平均每个物理网点要服务4 256人，平均每个自助银行服务2 616人，平均每台离行式智能自助机具服务538人。如果到一个城区只获批一个物理网点（设立物理网点须经监管机构审批），按平均值计算可以服务4 256人。若增设离行式自助银行和单体自助机具，则自然就将服务半径延长了。在市场有效需求内自助机具增设得多，市场覆盖面自然就广，竞争力自然就强。

2. 客户数量分析方法

还可从服务客户数量来考察。事实上，客户1人在多家银行开户（卡），客户1人在一家银行开立多个户头（卡），以及客户1人在多家银行开户（卡），而同时也在一家银行开立多个户头（卡）等情况都是普遍存在的。2015年，全国范围人民币结算账户（包括对公和个人）已达70亿户。据此也可测算和考量卫星银行延伸服务的平均长度。

3. 延伸了物理网点客户服务链，能保有客户

根据需求增设的离行式自助银行或自助机具，可使物理网点开户的客户能在周边享用本网点金融服务，方便了客户，自然有利于保有客户。同时，网点延伸服务的方便又会吸引更多的客户来开户和办理业务。

当然，以上卫星银行量化分析只是为我们延伸物理网点服务半径提供了一个参考模型和丈量物理网点服务半径的思路。实际工作中，银行可视地理环境、人口分布、客户群体分布，以及居民小区、繁华商业区、专业商品市场、旅游景点等自助需求情况布设与投放。

4. 新兴功能区和发达地区乡镇也极具卫星银行布设潜力

在城市副中心、新兴功能区、县域地区、城乡结合部和发达地区乡镇等金融服务需求旺盛的区域也可根据具体情况进行卫星银行布设，满

足城乡居民的基础金融服务需求。

卫星银行除了提供ATM自动存取款服务外，还可提供自助发卡、智能自助终端服务、跨行汇款操作，实现跨行快捷汇款、密码汇款、交通卡充值、代缴各种费用、代售理财产品，办理个人国际汇款、结售汇、网上购物等业务。卫星银行以客户为中心优化服务流程，减少客户排队。通过一系列标本兼治措施的实施，网点服务效率得到提升，单笔业务办理时间、客户等候时间会缩短，满意度也会相应上升。在本章第一节指出过，ATM自助机具的使用率已上升到第二位，说明开放自助方式正在被越来越多的客户所认可。客户的日常金融服务需求基本能通过ATM、ITM、VTM等自助智能设施来得到满足。本人2016年3月对一支行1个月内的ATM自动存取款机业务功能使用笔数进行了抽样检测，取款、查询、存款及信用卡还款三种业务占据了前三甲，占比分别为47%、34.9%和14%。这也是客户最常使用的业务功能。转账与修改密码分别占4%和0.1%（见下图）。

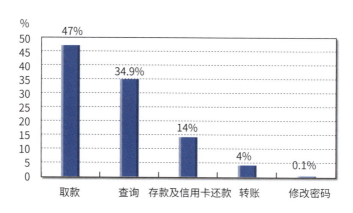

2016年3月某支行ATM业务功能使用比例

三、增强客户粘性，拓展客户市场

自助智能银行布设到社区、商区、市场、学区，并由物理网点派员工到自助智能银行指导客户使用自助机具。同时在社区、商区、市场、学区等有针对性地开展银行机具使用辅导、金融知识宣传活动，密切与客户的关系。

（一）有针对地开展粘性活动

不同区域采用不同主题，系列推进。比如，社区活动的主题应与普通居民的生活直接相关，如个人融资贷款、个人理财、信用卡、出国留学资讯、信息安全、风险防范等。告知他们如何利用现代银行金融工具

来为提高自身生活水平服务，持续、经常性地展开活动。通过活动，面对面地与客户进行沟通，吸引他们的关注。同时，通过小区物业或街道办事处、居委会，在各小区设立联络点、联络人，定期将银行产品、活动发送到小区内。社区服务的关键在于提供方便，让他们在使用银行工具时减少麻烦，体验良好。当你在做社区居民服务时，物理网点，或自助智能银行、自助机具等就在附近，方便他们体验与使用，如果相距太远就不方便了。比如，农业银行宁波分行营业部将自助机具搬到社区街道，并设专人和辅导居民使用（见上图）。

商区活动的主题应围绕企业的经营管理、融资业务、资金管理、财务管理、市场研判等内容进行。通过广泛接触客户，及时了解他们经营管理中的资金需求、财务管理需求，以及包括金融产品、金融服务、非金融服务等方面的其他诉求。

对学区、市场等又有相应的主题，开展相应的粘性活动。通过开展粘性活动，展开市场调查，有效了解客户需求（见左图）。

一个卫星银行就是一个相对独立的服务集群，主动、灵活、多样地开展上述活动，便能有效增强与客户的粘性。

（二）有针对性地开展服务与产品研发

通过持续开展上述粘性活动，卫星银行便能获取很多有用的信息。对这些信息应按由易而难、由近而远的原则可分为现场类、近期类、中期类、远期类等。对现场类需求能现场解决的就现场解决；对近期需求，应尽快在近期想办法帮助客户解决问题；对于中期需求，在想办法解决的过程中，应向客户进行沟通说明，告诉客户网点正在想办法，请客户耐心等一下；对于远期需求，网点能创造条件的就创造条件，创造不了条件的，应向上级主管部门反映，请求上级主管部门的支持，同时也应不断与客户沟通，取得谅解。此外，网点应把了解掌握的客户需求信息如实报告上级主管行，请求由上级主管部门研发产品与服务。

例如，恒丰银行在商区开展"大众创业、万众创新"金融支持活动。同时针对商区小微企业创业、创新中的难点，陆续开发了"超额抵押贷款"、"应收账款池融资"、"信用增值贷"、"续贷通"、"链保通"等创新产品。并将信贷资源优先投放于创业创新型小微企业，对于优质企业的特性需求，提供"一户一策"甚至"一户多策"的融资服务。开发了"定期通"、"定活通"和"头寸通"等一系列现金管理产品，为机构客户提供丰富的财务资金管理服务，进一步降低企业的融资成本，支持实体经济可持续健康发展（见右图）。

第四节　卫星银行开启降低经营成本的新模式

比起纯物理网点集群来说，卫星银行是一种轻型网点集群，它在达到物理网点集群对市场覆盖作用同时，却比物理网点集群成本低。主要体现在减少网点物理成本、人力成本和维护成本三个方面。

一、减少网点物理成本中的固定资产投入

在相同覆盖面积下，轻型化的卫星银行节约物理成本，主要体现

在：一是节约固定资产投入。如果一个商区需要布设3个人工物理网点才能覆盖客户需求，若按传统模式购买营业场所，势必要有三笔固定资产投入，以及由此产生的其他成本投入。一个综合化的人工物理网点面积一般在300平方米至上千平方米，在当今房地产价格持续走高的形势下，固定资产投入不小。若按卫星银行布设，只在中心或主要地段设置一个综合化人工物理网点，其他两个物理网点位置设置成智能化自助银行，则经营场所面积在300平方米以下。二是节省营业设施。一个物理网点各功能区域设施样样要齐全，而卫星银行中的智能自助银行的设施相比物理网点就简洁很多。简洁配置方案为：一台能远程指导的VTM或ITM，一台可以办理开销卡业务、理财的多功能智能终端，一台以上ATM存取款机（目前取款功能使用最多），一台可做信息咨询、缴费、补登折子的机器。

较高配置方案为：在简洁配置基础上，根据客户需求而增加设施的数量。同时配置可以查询账务、转账、打印回单等功能的对公智能设施，外汇结售汇设施，外币兑换机等。这样的智能自助银行几乎可以解决客户查询、存取款、转账汇款、开卡、销户、自助理财、开通网银或电子银行等方方面面的需求，比一个普通的人工物理网点功能还强大。交通银行延安分行银海智能自助银行就属于高配置，是典型的轻型化、全功能、高效率、好体验的智能自助银行（见下图）。

该智能自助银行地处商业区，紧邻大商场，为公司商贸、个人购物等提供着方便快捷的金融服务，深受客户喜欢。2015年，该自助银行总取款笔数同比增长30.1%，总存款笔数同比增长37.9%，总转账笔数同比增长60.2%，发卡数量同比增长1倍。该网点面积不到100平方米，却还设置了休息区、便民服务区、饮水处等，十分人性化（见下图）。

另外，还需要配置一些普通自助银行，设施配备上遵从《CBSS1000 2.0》标准要求，配置"3+1"即可（3台以上具备存取款功能的自助机具，其中至少有一台为存取款一体机，1台以上具有缴费、补登折、打印发票、自助发卡等至少一种功能的自助机具）。业务需求大的地方，也可进行"N+1"或"N+N"配置（见下图）。

二、减少网点人力成本

按上述案例，人工物理网点需要许多人手。按现在银行业22万个网点与380多万人测算，平均每个网点17人。设置智能自助银行，则不需要太多人手，有两三人轮流值守，或轮流辅导、培训客户使用自助机具便可运转开了。若设置普通自助银行，则不用安排专人值守。人力资源成本节省不少，相应的税务成本也会下降。

从自助设施价格来看，一台VTM智能立式终端的价格9万多元，不同品牌与功能的设施其价格不一；ATM存取款一体机10万元左右一台，ATM取款机单价6万多元。这些设施投放后可用多年，费用分摊多年，相比人力而言，成本自然更低。

此外，设置卫星银行还有助于提高离柜业务率。离柜业务率越高，平均单笔业务成本下降，利润上升。这是因为节省人力成本所致。

目前，从成本收入比来看，加大智能自助机具投放是有潜力的。截至2015年末，商业银行成本收入比为30.59%，同比下降了1.03个百分点（见下图）。

2013～2015年商业银行成本收入比曲线图

商业银行近三年来成本收入比逐年下降，成本控制很严。但成本收入比不是越低越好，应保持在一个合理的区间，这样有利于商业银行可持续发展。

三、减少网点维护成本

离行式自助银行与人工物理网点比较，在管理与运行方面的维护费用少很多。营业场所面积小了，若是租用房则租金减少，硬件的维修保养及软件方面的投入少了，水、电费都少了。

第七章　围绕客户需求做好理财服务

　　根据监管机构公开披露的信息，2015年，中国银行业共有426家银行业金融机构有存续理财产品，共有60 879只理财产品数，理财资金账面余额23.50万亿元，同比增加8.48万亿元，增长56.46%。其中，开放式理财产品存续余额10.32万亿元，同比增加5.08万亿元，增长96.95%。从发行情况来看，共有465家银行业金融机构发行了理财产品，共发行186 792只，累计募集资金158.41万亿元。目前，营业网点仍然是发行和销售这些理财产品的主要渠道之一。因此，网点围绕客户需求做好理财服务，对于网点扩大优质客户群体，优化业务结构，改善收入结构，提升服务功能和促进网点转型都十分重要。

第一节　扩大优质客户群体

银行理财在当今泛资管时代仍然是个人和机构投资人所关注的主体，银行凭借良好的信誉与专业的理财队伍，以及对市场动态的准确把握，为广大投资人提供了一个风险小而收益稳定的理财大市场，深深吸引着个人和机构投资人。网点做好理财业务，便能扩大投资客户群体。

一、通过理财产品与服务吸引和扩大客户群体

随着泛资管时代的来临，投资理财市场正从小到大，从单一到组合，正在走向繁荣。从我国资产管理规模来看，2015年，银行理财、信托、保险、券商资管、公募基金以及私募基金管理资产规模合计达到77.28万亿元，较2014年末的57.60万亿元增加了19.68万亿元，增长了34.17%。其中银行理财规模23.50万亿元，占比30.41%；信托管理资产规模16.30万亿元，占比21.09%；保险资产规模12.63万亿元，占比16.34%；券商资管规模12.00万亿元，占比15.53%；公募基金规模7.25万亿元，占比9.38%；私募基金4.00万亿元，占比5.18%；其他1.60万亿元，占比2.07%（见下图）。

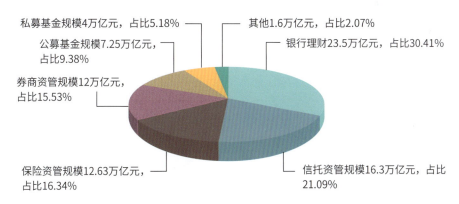

私募基金规模4万亿元，占比5.18%
公募基金规模7.25万亿元，占比9.38%
券商资管规模12万亿元，占比15.53%
其他1.6万亿元，占比2.07%
银行理财23.5万亿元，占比30.41%
保险资管规模12.63万亿元，占比16.34%
信托资管规模16.3万亿元，占比21.09%

2015年我国资产管理规模结构图

从上面的结构图可以看出，在整个社会投资理财蓬勃发展中，银行理财仍然是社会的主流，人们还是相信银行，习惯找银行理财。银行理财相

对风险小，收益稳定，因此近年来银行理财有了飞跃式发展（见下图）。

年度	理财余额（万亿元）	增加额（万亿元）	增长率（%）
2011	4.57	1.37	42.82
2012	7.11	2.54	55.58
2013	10.24	3.13	44.02
2014	15.03	4.79	46.78
2015	23.50	8.47	56.35

2011～2015年银行理财余额增长曲线图

据监管部门披露的数据，2015年，银行理财共181 646只产品发生兑付（其中有175 643只产品终止到期），累计兑付客户收益8 651亿元，比2014年增长1 530亿元，增幅21.48%。封闭式产品按募集资金额加权平均兑付客户年化收益率为4.69%，其中，封闭式非净值型理财产品加权平均兑付客户年化收益率为4.68%；封闭式净值型理财产品加权平均兑付客户收益率为4.97%。近年来，银行理财为社会源源不断地创造财富（见下图）。

2012～2015年银行理财收益增长图

按销售渠道划分，2015年，个人理财产品113 718亿元，同比增长28.9%，按已实现年化收益4.83%计算，为居民个人实现理财收益5 492.58亿元，比2014年增加1 082.58亿元，同比增长24.55%。机构专属理财产品102 153亿元，实现收益4 934亿元。若按银行类型考量，2015年，国有大型银行兑付客户收益3 655.6亿元，占市场兑付客户收益的42.26%；全国性股份制银行兑付客户收益3 380.1亿元，占比39.07%；城市商业银行、农村金融机构和外资银行兑付客户收益分别占12.32%、3.38%和1.82%。

2015年，终止到期的理财产品中有44只产品出现了亏损，主要为外资银行发行的结构化理财产品，占全部终止到期产品仅0.03%，亏损理财产品本金的平均偿还率达89.24%。

在资本市场起伏波动，风险难以把握，其他投资渠道偏少的情况下，银行理财收益稳定、风险相对较小的特性就深得广大个人和机构投资人喜欢。因此，银行网点应善于利用理财服务吸引客户，扩大客户群体。能购买理财产品的客户相对而言资金宽余，属于潜力客户。网点应积极主动与他们保持沟通与联系，做好理财服务。这就需要做好理财需求采集和产品研发。

二、理财产品设计与研发

要设计与研发出一款受欢迎的理财产品，需求采集至关重要，甚至能占到六成以上的程度。需求采集准确，产品销路就不存在问题。

（一）需求采集

为了有针对性地开发产品，可通过网点现场面访、问卷调查、线上调查等方法开展市场需求采集，或通过委托第三方机构进行市场调查。根据监管机构披露的2015年理财产品市场情况来看，非保本浮动收益类产品更受青睐，其余额达17.43万亿元，占整个理财市场的74.17%，较2014年上升7个百分点；保本型产品需求下降，其余额约3.64万亿元，占理财市场比例为15.49%，较2014年下降6.2个百分点；保证收益类产品余额2.43万亿元，占理财市场的比例为10.34%，较2014年末下降0.8个百分点（见下图）。

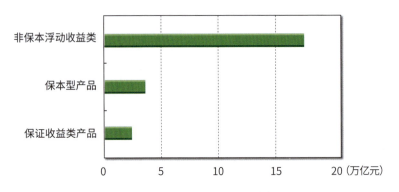

2015年不同收益类型理财产品受青睐程度

从封闭式理财产品不同期限来看，3个月（含）以内的短期限理财产品存续余额为3.63万亿元，占封闭式理财产品规模的27.54%；3个月以上的中长期理财产品余额为9.55万亿元，占封闭式理财产品规模的72.46%，较2014年末上升8.33个百分点。3个月以上的中长期理财产品中，3个月至6个月（含）期理财产品存续余额4.10万亿元，占封闭式理财产品规模的31.11%；6个月至12个月（含）期的理财产品最受欢迎，存续余额达4.31万亿元，占封闭式理财产品规模的32.70%；1年期以上的理财产品存续余额1.14万亿元，占封闭式理财产品的8.65%（见下图）。

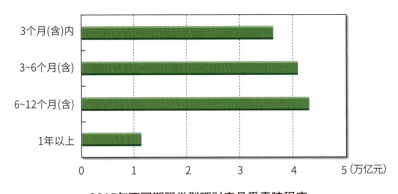

2015年不同期限类型理财产品受青睐程度

在开放式理财产品中，非净值型理财产品占据了主要位置，资金余额8.95万亿元，同比增加4.27万亿元，增长91.24%；净值型理财产品资金余额1.37万亿元，较2014年末增长0.81万亿元，增长幅度为144.64%。

（二）产品研发与设计

针对不同客户需求，商业银行应结合自身优势，有的放矢地研发不同收益类、不同期限类、不同运作模式、不同风险收益特征的理财产品，以满足不同客户投资理财和财富保值增值的需求。

做理财产品设计与研发，还必须弄清楚投资人购买理财产品的渠道和不同人群的投资偏好。本人曾通过电话、短信、微信等方式与分布在全国各地的1 100多位客户和银行一线员工进行访谈和市场调查。结果显示，客户通过网上银行购买银行理财产品的金额占比已大大超过在网点购买占比，为50%；到网点购买银行理财的占比为27%；通过手机银行购买占比为20%；直销银行理财也迅速崛起，占比为2%；其他渠道占比为1%（见下图）。

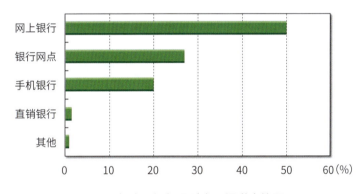

2015年购买银行理财产品渠道占比图

我们知道抽样调查数据随样本量的变化而变化。但该图却反映出一个非常明显的消费倾向与发展趋势，即投资人都偏好通过网上银行、手机银行购买理财产品。原因：一是"到网点买理财产品要填一堆协议，签很多字"，麻烦；二是有时还要排长队；三是通过网上银行和手机银行购买银行理财产品更方便，在家里或办公室就可以操作。而且现在的网上银行功能强大，除了购买理财产品，还可进行贵金属、基金投资等。根据客户购买渠道变化趋势，银行宜多开发适合通过网上银行和手机银行购买的理财产品。从期限上来看，可重点研发3~6个月、6~12个月的理财产品。

调查得知，35岁以下的中青年客户大多数是通过网上银行购买理财产品。到网点购买银行理财产品的多是中老年客户和首次购买银行理财产品的群体，其中有的老年客户还喜欢购买国债和存定期存款。根据年龄可以得出一个思路：针对35岁以下的客户人群，研发非保本浮动收益类产品；针对35~50岁的客户人群，则研发收益稳健、风险偏低产品；针对50岁以上客户人群，则研发期限短、保本型产品或保证收益型产品。此外，投资人购买理财产品时依次关注的因素一般是：理财产品收益能力、能否保本、风险程度、网点品牌、便捷性、服务态度、理财经理专业程度等。

在具体研发理财产品时，可考虑提供核心产品和附加值在内的一揽子服务。用肖斯塔克分子模型来分析，"理财产品+购买渠道+产品购买"为有形要素，"信息沟通+风险测评+风险收益"为无形要素，有形要素和无形要素应紧密配合。"服务越趋向无形，就越是有必要向顾客提供有关服务特色和质量的有形线索，以供识别。"理财产品就是客户的核心利益，分子外面所包围的是一系列代表理财产品价格、风险程度、购买渠道和市场定位的圆环（见下图）。

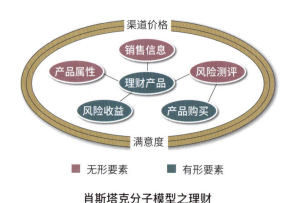

肖斯塔克分子模型之理财

该模型说明，一款新研发的理财产品需要有与客户进行良好沟通的渠道，并让客户清楚知晓银行的销售渠道，并且渠道通畅。还要让客户清楚地知道理财产品的属性，比如，产品价格、所募集资金的投向、风险程度、投资回报等。客户作出积极反应，就会导致一个购买过程的开始。在对客户进行风险测评合适后，由客户自主购买。这样一个流程顺畅走完，客户满意度自然会上升，客户便会重复购买，或介绍新客户。对介绍新客户的老客户，可视其贡献大小给予恰当奖励。

第二节 优化业务结构

开展银行理财，助推银行中间业务发展，从而增加中间业务在整个银行业务中的份额，逐渐改善和优化银行业务结构。

一、商业银行业务结构情况

商业银行业务主要由资产、负债和中间业务三大业务组成。近年来，各项业务得到了快速发展。

（一）资产业务

近年来，商业银行资产持续增长。根据监管部门已公布的资料，2015年末，我国商业银行资产总额151万亿元，同比增加20万亿元，增长15.4%。近年来商业银行资产增长情况（见下图）。

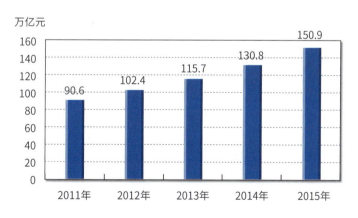

万亿元

2011～2015年商业银行资产业务增长图

2015年在商业银行资产结构中，以各项贷款、投资、同业资产和在人民银行存款为主（见下图）。

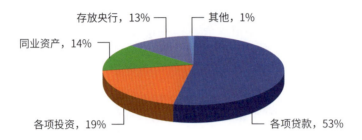

2015年商业银行资产结构比例图

（二）负债业务

商业银行近年来负债业务也得到持续增长。2015年末，我国商业银行负债总额139.46万亿元，同比增加18.29万亿元，增长15.1%。近年来，商业银行负债增长情况（见下图）。

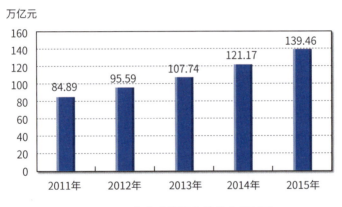

2011～2015年商业银行负债业务增长图

在商业银行负债类型结构中，以各项存款、同业负债和应付债券为主（见下图）。

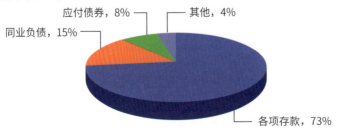

2015年商业银行负债结构比例图

（三）中间业务

目前，商业银行中间业务产品主要分为支付结算类、银行卡类、代理类、担保及承诺类、金融市场类、托管及养老金类、投资银行及咨询顾问类、理财类、国际业务类、电子银行类和特色类十一大类。

这里重点分析理财类中间业务。根据监管部门披露的信息，2015年，银行业理财市场有465家银行业金融机构发行了理财产品，共发行186 792只，累计募集资金158.41万亿元，同比增长71.2%。其中开放式产品累计募集资金115.55万亿元。

理财资金投资结构仍然以债券及货币市场工具、银行存款、非标准化债权类资产三大类资产为主，共占理财产品投资余额的89.10%（见下图）。

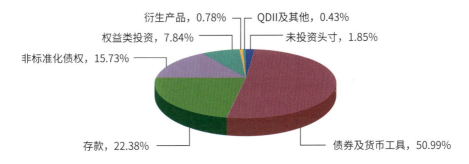

衍生产品，0.78%　　QDII及其他，0.43%
权益类投资，7.84%　　未投资头寸，1.85%
非标准化债权，15.73%
存款，22.38%　　债券及货币工具，50.99%

2015年理财资金投资结构图

二、优化业务结构

通过发展理财业务，可以优化网点业务结构。

（一）扩大中间业务份额

目前商业银行的业务结构中资产业务占据着主要份额，中间业务贡献度与资产业务贡献度之间长期保持着2∶8的比例。从中间业务贡献结构来看，理财业务在中间业务中的贡献度占14.56%，其他中间业务贡献度占比为85.44%（见下图）。

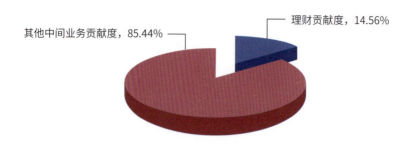

2015年银行理财贡献度比例图

理财业务规模做大做强，可以进一步扩大中间业务在整个银行业务结构中的占比和份额，而中间业务的发展又是银行战略转型的需要。因为资产业务的发展面临着强烈的资本约束。国际金融危机使得世界各国普遍加强了对商业银行的监管，尤其是加强了对资本充足率的监管。中国银监会也提高了对资本充足率的要求，建立了资本充足率缓冲区，即大行不能低于11.5%，中小银行不能低于10%。目前各类型商业银行资本充足率均离监管警戒线不远，资本约束已成为商业银行资产业务发展的"瓶颈"（见下图）。

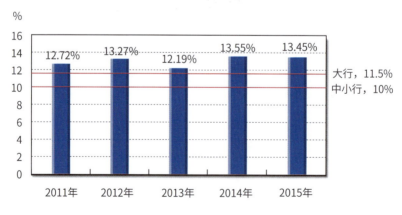

2011～2015年资本充足率情况图

（二）推动业务创新

创新是优化业务结构的良药。

一是在产品端推进创新。当前利率市场化已经收官，金融脱媒加剧，泛资管时代到来，给银行理财产品创新也提供了机遇。银行理财业务在产品端可进一步向基金化净值型产品转型，多家银行对产品体系进行了简化，以开放式产品逐步取代期次型产品，并创新推出惠民、益民、亲民的净值型产品。例如，工商银行充分发挥在客户、资金、渠道方面的优势，加大信息技术与银行经营管理的深度融合，创新推出了无固定期限非保本净值型产品，其特点：其一是"惠民"，既门槛低又方便快捷。此产品的购买起点金额为监管规定的5万元，但追加认购可为1元的整数倍。其二是"益民"，既到账快又收益稳健。支持24小时购买和赎回，7×24小时实时到账，每日分红并结转为份额，每日向客户披露产品信息。其三是"亲民"，既渠道多又客户体验好。销售渠道上不仅包括网银、手机银行，还包括网上商城，实现客户随时随地交易的便利性。

二是在投资端创新。比如，参与大类投产市场，开展股票市值管理类业务，推动经济转型升级，利用国债期货类产品有效对冲产品利率风险。

三是在理财渠道方面扩大创新面。例如，随着互联网技术的深入发展以及投资人对互联网接受程度的不断提高，银行营销活动互联网化已成为发展趋势。"融e购"、"金e顺"等低成本、客户体验好的互联网营销平台，拓宽了理财产品互联网销售模式，大大方便了客户。在推动理财产品网上银行销售的同时，还推动实现电商平台销售。采取互联网方式开展新增客户营销。通过微信等互联网社交工具推送产品信息和理财资讯。积极布局开放式金融平台，大行加强与城商行、农信社等合作，推进城乡线下理财产品销售。这不仅有助于理财产品的跨区域销售，也为投资者提供更多的产品选择。

此外，各种销售渠道应配合使用。为贵宾客户设计的受欢迎的理财产品，最好是在柜台销售，通过各种通讯方式告知贵宾客户，请其前来购买。这样才有面对面交流和交叉营销服务的机会。而针对普通客户研发的产品则适合网上销售，不占用柜面资源。

第三节 改善收入结构

做好银行理财业务，可以增加银行理财收益，进而增加中间业务收入，扩大中间业务在银行净收益中的比重，从而改善银行的收入结构。

一、收入结构情况

利息收入一直是商业银行的主要收入来源，近五年来，利息收入一直保持占商业银行总收入的80%左右。在利率市场化的过程中，商业银行利差逐渐收窄，利息收入在总收入结构中的比重下降，2015年为76.27%。而非利息收入占总收入的比重前几年也保持在20%左右，2015年末，这一数字上升到23.73%。并且2015年商业银行在诸多方面对企业和个人客户进行了减费让利。2016年2月25日，工、农、中、建、交五家大型商业银行对外宣布，免收手机银行境内人民币转账汇款手续费，之后又有70余家主要商业银行开展"减费让利"的普惠金融活动，实行手机银行转账全免费服务。因此，2015年非利息收入占比上升的2.26个百分点

2011～2015年商业银行利息、非利息收入占总收入的比重

并不是非利息收入快速增加而产生的，而是因利差变小，利息收入占比相对缩小而产生的。

这就是说，商业银行长期以来收入结构单一的现状并未有彻底的改观。收入结构单一会使银行面临：一是利率风险。随着利率市场化进程加快，利率频繁波动会给银行收益带来很大风险，造成收益不稳定。二是操作风险。生息资产与全行收益关联度过高，一旦生息资产操作不当便会影响全行性收益。三是不容易避开企业系统性风险。要规避这些风险，只有大力开展中间业务，增加中间业务收入，才能增强银行抗风险能力。近年来，中间业务收入占总收入的比重也维持在18%左右，2015年上升到19.23%，其原因与非利息收入上升道理一样。

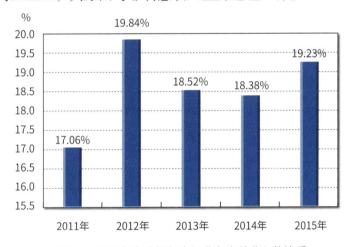

2011～2015年商业银行中间业务占总收入的比重

开展好理财业务是增加商业银行中间业务收入、改善收入结构的一个很好的途径。

二、改善收入结构

近五年来，来自各个方面的服务收费检查一个接着一个，而与此同时，过去不少收费的中间业务，如手机银行境内人民币转账汇款手续费等，现在都免了。所以，要想简单地靠跑资源扩大中间业务收入太难了。而通过理财业务可以从外延上扩大中间业务收入。其他中间业务在项目有限的情况下只能做规模，靠规模效应来弥补收入。

理财业务是通过投资和进行社会资源配置等高端专业技术来获取佣金收入。根据监管机构披露的数据，2015年，银行在创造社会价值的同时，自身也实现理财收益约1 169.9亿元，同比增加261.7亿元，增长28.82%；而2015年商业银行实现中间业务收入增长率为15.85%；实现净利息收入增长率4.9%。理财收益增长速度快于中间业务收益增长速度，更快于净利息收入增速。只要理财收益快速增长势头保持下去，便能不断增加中间业务收入占比，从而逐渐改善银行收入结构（见下图）。

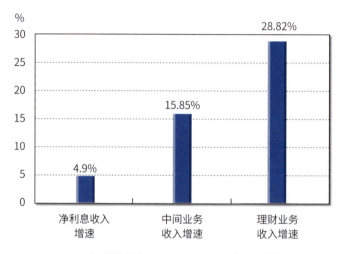

2015年理财业务收入拉动中间业务收入增长

2015年，银行理财收益主要来自以下几种运作模式：一是封闭式非净值型理财产品实现银行收益645.2亿元，占全部银行实现收益的55.15%。二是开放式非净值型理财产品实现银行收益408.2亿元，占比34.89%。三是开放式净值型理财产品实现银行收益91.6亿元，占比7.83%。四是封闭式净值型理财产品实现银行收益24.9亿元，占比2.13%。

从销售渠道来分，2015年，一般个人类产品实现银行收益611.1亿元，占全部银行实现收益的52.24%；机构专属类产品实现收益261.3亿元，占比22.34%；私人银行类产品实现收益157.6亿元，占比13.47%；银行同业类产品实现收益139.8亿元，占比11.95%。

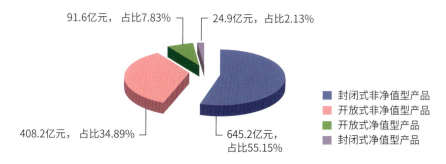

2015年银行理财收益结构图

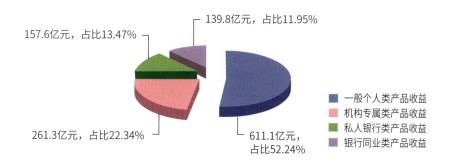

2015年不同销售渠道实现银行理财收益

第四节　提升银行网点服务功能

开展好银行理财业务，可以提升银行网点的服务功能，增强网点的专业技术含量，从而提升银行网点的服务能力。

一、为客户增加财产性收入

银行理财产品以其收益稳定、风险可控的特点较好地契合了广大居民理财偏好，得到越来越多投资者的认可和青睐，成为有效提高居民财产性收入、实现其资产保值增值的重要渠道。2015年，银行理财产品99.97%实现了预期收益，收益率均值为4.83%，实现了正常、平稳兑付，为客户创造了稳定的收入来源。

线上理财与线下理财结合，增强网点服务能力。2015年，商业银行离柜交易达1 085.74亿笔，离柜交易金额达1 762.02万亿元，平均离柜业务率达到77.76%。一些大型商业银行和股份制商业银行都达到90%以上。即除了一些特殊业务和复杂业务外，客户一般不来网点柜面了，大大减轻了网点柜面压力，这是银行科技进步给客户带来的便利。但是，如果所有的客户都不来物理网点办理业务，这又不一定是好事。事实上应该想办法让中高端客户来物理网点，网点与客户才能有良好的面对面沟通机会。因此，针对中高端客户设计研发的理财产品，最好是通过各种电讯方式通知他们，请他们到柜台来购买。而购买金额起点低的产品则应放在网上销售，尽量不占用理财柜面资源。

在县域地区，银行理财可引导资金投向国家产业政策领域，通过推出理财专属产品，满足县域居民的理财投资需求，提升县域居民的财产性收入，实现县域居民资产的保值增值目标。在农村地区，可专门针对低收入农民群体设计如"金益农"等适合其风险特征和财富增值需求的理财产品，为"三农"提供实实在在的惠农理财金融服务。2015年，商业银行理财业务支持"三农"建设的规模达1.08万亿元。也可在部分县域、农村等自有网点覆盖较少的地区，积极拓展当地金融机构代销理财产品，为广大县城、农村居民提供理财服务。

二、更好地服务实体经济

理财业务深化了网点服务实体经济的能力。银行理财实质上是在通过合理配置各类资产直接或间接地进入实体经济，为经济发展提供支持。例如：2015年就有15.88万亿元的理财资金通过配置债券、非标资产、权益类资产等方式投向了实体经济，占理财资金投资各类资产余额的67.09%，同比增加5.17万亿元，增长48.27%。

从理财资金投向行业分布情况来看，投向实体经济的理财资金涉及国民经济90多个二级行业分类，其中规模最大的行业有土木工程建筑业、公共设施管理业、房地产业、道路运输业、电力热力生产和供应业、煤炭业、农业、房屋建筑业等，前八类行业占比为58.41%（见下图）。

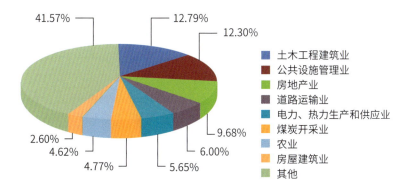

2015年理财资金投向行业情况图

三、有助于维护正常金融秩序

银行理财作为社会投资的主要渠道，积极引导社会资金稳健投资，引导社会资金进入金融体系，进行体内循环。对遏制非法集资、地下钱庄等投机炒作风气，以及对维护我国良好金融秩序，保证社会稳定与发展发挥着正面的积极导向作用。民间借贷、P2P平台等跑路现象时有发生，最近又爆出"中晋系"问题，这些现象不利于金融秩序的稳定。银行理财正可发挥中流砥柱的作用。

四、强化投资人风险意识和防范能力

（一）传递监管关于风险揭示要求

中国银监会《商业银行理财产品销售管理办法》从三个方面作出明确规定：一是要求商业银行必须在理财产品销售文件中制作专页风险揭示书。二是要求商业银行必须在理财产品销售文件中制作专页客户权益须知。三是要求商业银行按规定对理财产品进行风险评级，对客户进行风险承受能力评估，按照风险匹配原则，将适合的产品卖给适合的客户。银行会按照监管规定要求进行操作，并将有关风险揭示和网点操作情况传递给客户。

（二）主动提示风险

网点通过风险提示标牌、协议风险提示、其他文字风险提示，以及语言交流，潜移默化地强化客户投资风险意识。

（三）开展活动，提高客户风险防范能力

银行利用自身理财投资的专业技术能力和掌握的资料数据等，通过办理理财业务，或开展理财培训、理财案例分析、投资沙龙等方式，提高个人和机构投资者市场预判能力、风险防范意识、风险识别能力和风险防御能力。并为他们投资其他金融市场提供风险警示服务。

五、有利于发现、识别优质客户

通过理财业务，理财经理便能与客户很好地沟通交流，也就能知晓客户理财投资能力和理财投资需求，从而有利于发现和识别客户。银行网点为客户投资理财的过程，就是在帮助客户由小到大，由弱变强的过程。在这个过程中，网点应帮助他们通过投资理财慢慢壮大自己，向高净值人群迈进，向私人银行级别客户迈进。

第八章　拓展私人银行业务

　　随着我国经济社会的快速发展，一大批私人银行客户以及高净值人群应运而生，中国的私人银行相应得到了快速发展，俨然已成为了皇冠上的一颗明珠。银行网点应积极发掘、培育和发展私人银行客户，通过与本行私人银行中心（部门）协同互动，为私人银行客户以及高净值人群提供私人定制式的金融管家服务，牢固占领和拓展私人银行这个战略高地。

私人银行——商业银行的战略高地

　　私人银行是商业银行与特定客户在充分沟通、协商的基础上签订有关投资和资产管理合同，客户全权委托商业银行按照合同约定的投资计划、投资范围和投资方式，代理其进行有关投资和资产管理操作的综合委托投资服务。私人银行客户和高净值客户是近年来银行理财的热点，对此，中国银监会《商业银行理财产品销售管理办法》作出了明确规定：私人银行客户是指金融净资产达到600万元人民币及以上的商业银行客户。而高资产净值客户则必须满足下列条件之一：单笔认购理财产品不少于100万元人民币的自然人；在认购理财产品时，个人或家庭金融净资产总计超过100万元人民币，且能提供相关证明的自然人；个人收入在最近三年每年超过20万元人民币或者家庭合计收入在最近三年内每年超过30万元人民币，且能提供相关证明的自然人。

一、西方私人银行的诞生与发展

　　17世纪的欧洲，工业化革命和资本的原始积累催生了一大批显贵，他们庞大的家产和财富需要由能信任的专门人才进行打理。于是出现了一批忠心耿耿的银行家、律师、会计师等进入其家族隐秘的部分，全心全意并世代打理其财务、投资、保险、税务和遗产规划等。这就是早期的私人银行。

　　随着经济的繁荣、环球的发展，显贵的后代们通过不断创业发展成了一批批现代企业家。他们不满足于简单的投资、保险、税务和遗产规划等，需要多元化的投资组合、全球财务安排、艺术品收藏、慈善捐助、移民计划、信托计划、子女教育等。作为有物理场所和专门团队的专业化现代私人银行便应运而生。目前，世界私人银行业巨头仍集中于欧美，瑞士私人银行业是传统私人银行业的典型代表，美国私人银行业则是现代私人银行业的代表。全球私人银行业共管理着大约5万亿美元左右的资产。分布较集中的地区有伦敦、纽约、日内瓦、苏黎士、新加坡、香港等金融中心。由于私人银行业务收益好，各发达国家（或地区）都把发展私人银行业务作为重点来抓。美国私人银行业过去几年平均每年利润增长超过15%。

西方市场私人银行服务模式主要有投资顾问、经纪业务、融资服务和托管服务四种。

（一）投资顾问服务

第一步，客户需求分析。通过一对一深入沟通，了解客户真正的需求。这个环节的关键是培养客户对银行的信任，客户才会提出真实需求，并放心让银行为其打理财富。

第二步，设计个性化理财方案。深入了解客户投资理念，根据客户需求，就投资理念达成一致，为客户设计和确定个性化理财思路与方案。

第三步，建立投资者档案。这个环节关键是要测试并识别好投资者的风险偏好，不断维护和完善客户信息档案，给客户推荐相应风险程度的产品。

第四步，投资策略。根据客户需求和风险偏好，为其制定清晰的具体投资策略。

第五步，选择投资产品及组合。根据整体策略为投资者提出选择投资产品及组合的合理建议。

（二）经纪业务服务

提供全球主要股权、交易所期权、交易所期货市场的交易服务，同时提供主要固定收益市场交易服务和证券化/非证券化股权、利率、信用、大宗商品的衍生品场外市场交易服务。

（三）融资服务

提供全球存款产品、抵押贷款服务、提供全球债券抵押融资，以及个人和公司的信贷服务。

（四）托管服务

提供交易清算、保管、资产服务、估值以及运行报告等服务。托管服务通常为一揽子金融服务的一部分。

二、快速发展的中国私人银行业务

改革开放三十多年来，随着中国经济社会的快速发展、小康社会的不断推进，尤其是从中国证券市场建立以来，一批人真的先富起来了，一批高净值客户诞生了，他们已提前进入小康时代。2010年末，中国有96万名千万富豪和6万名亿万富豪，他们对金融服务的需求不再是简单的零售业务服务、理财服务和贵宾服务，而升级为私人银行服务。

中国最早开办私人银行的机构是2005年在上海开业的瑞银；2006年，花旗银行在上海开办了私人银行。之后，2007年，中国工商银行拿到第一块私人银行牌照，2009年，中国农业银行拿到第二块私人银行牌照，2011年，交通银行拿到第三块私人银行牌照。此后，商业银行私人银行业务便陆续推出了。

近年来，我国私人银行发展速度非常快。根据上市公司等十几家银行数据显示，私人银行五年前管理资产仅2.2万亿元人民币，2015年达到6.7万亿元人民币，翻了三倍多；五年前，私人银行客户数20.7万户，2015

2011~2015年中国私人银行主要业务数据

时间	2011年		2012年		2013年		2014年		2015年	
项目	数量	同比增长 (%)	数量	同比增长 (%)	数量	同比增长 (%)	数量	同比增长 (%)	数量	同比增长 (%)
客户数量 (万户)	20.7	30	26.2	26.6	31.7	21	38	20	48	26
管理资产 (万亿元)	2.2	40	2.8	27.3	3.6	29	5	38	6.7	34
分支机构 (家)	135	20	217	60.7	673	210	789	17	806	2
从业人员 (人)	3 865	103	7 216	86.7	9 480	31	10 629	12	13 603	28
中间业务收入 (亿元)			111.8	22	139.8	25	192.9	38	230	19

年已达48万户，翻了两倍多。

私人银行业务具有资本占用少、盈利水平高、综合经营风险相对较小的突出优势。大力发展私人银行不仅是商业银行应对高净值客户市场竞争的需要，而且是商业银行应对利率市场化、优化业务结构、加快经营转型的迫切要求。私人银行业务具有广阔的发展空间。

三、私人银行的主要业务

私人银行业务是为高净值客户及超高净值客户提供多维度财富管理的服务。从投资的角度来考量，包括传统金融产品投资、股权投资、房地产投资、实体投资、海外投资、其他另类投资等（见下图）。

而从服务模式来考量，私人银行业务范围又可分为以下五类：

（一）私人资产管理

私人资产管理是私人银行的核心业务。目前，国际市场上私人银行资产管理模式总体可以分为综合化和专业化两大发展模式。主流的私人银行大多采用的是综合化的发展模式。资产管理规模排名前10位的私人银行都是依托于综合性银行集团或者投资银行集团，例如，瑞银集团、瑞士信贷、花旗银行、德意志银行。这类私人银行的共同特点是所管理的客户资产规模庞大，在全球拥有众多分支机构，具备高效率的操作流程，同时与集团下属的投资银行和零售银行之间存在较强的战略协同关系。此外，还有投资银行下属的私人银行，将财富管理业务整合到投资银行业务中，谋求私人银行业务的高利润。一方面，投资银行是私人银行业务投资产品的主要来源，投资银行也能通过自身旗下的私人银行寻找具有后Pre-IPO投资需求的客户。另一方面，私人银行也能为投资银行客户提供更多的增值服务及全方位的金融服务。高盛、摩根大通等都是此类型私人银行的典范。

专业化发展模式。有相当一部分规模较小的私人银行采取了专业化的发展模式，依靠数百年的品牌积淀和客户关系管理，赢得了资产上亿美元的超高净值人群的青睐。例如，瑞士百达银行、宝盛银行、隆奥达亨银行就是这方面的典范。

当前国内私人银行开展资产管理业务主要为委托—代理模式。在分业经营、分业监管的背景下，商业银行为了满足私人银行客户对资本市场投资、实业投资市场的资产管理需求，往往通过"采购"或"借道"其他金融机构发行的产品，如信托计划、券商资产管理计划、公募基金及基金专户等委托代理方式开展业务。

（二）私人财务管理

私人财务管理主要针对高净值人士名下财务及其旗下的实体公司财务，利用现代投资工具和投资市场，进行有效的管理与安排。一是推行综合财务规划，实现财务稳健经营。二是定制保险规划，提供更适合的保险方案。三是专享信贷服务，提供更快捷、更丰富的融资渠道。四是专享远程服务。

（三）私人增值服务

私人银行在为高净值人群提供资产管理和财务管理同时，也为他们提供专属的增值服务。比如，私人健康，包括定制体检、导医导诊、健康管理等；生活休闲，包括球类管家、私人酒窖、定制旅游等；商务社交，包括公务包机、商旅会务、商务规划等；人文教育，包括子女教育、学校就读、出国留学等；文化沙龙，包括国学赏析、艺术品鉴、投资收藏等。

（四）私人金融顾问服务

金融顾问主要为私人银行客户提供相关财税金融咨询与顾问服务。例如，信托咨询服务、税务咨询服务、专业资讯服务、不动产咨询服务、家族财产传承咨询等。

（五）私人跨境金融服务

跨境投资咨询和境外资产管理服务。

跨境金融服务包括移民留学咨询服务、跨境融资服务（包括海外上市咨询和筹备措资金）、代客境外投资、跨境融资服务等。

另外，私密性是私人银行最大的特性。私人银行客户信息保密制度是私人银行业务的基石。私人银行在私人银行客户准入、系统构架、第三方合作等方面须严格私人银行客户信息保密管理。将私人银行客户与零售客户的信息分类进行管理，在与第三方合作提供金融服务和非金融服务中提供差异化的服务；或在商业银行内部建立分级的客户信息授权查询体系。瑞士、新加坡等国私人银行业较发达，其中私密性是一大贡献。

第二节　发展私人银行吸引高净值客户

经济社会的持续发展造就了高净值人群和私人银行客户，产生了与普通客户不一样的私人定制般的服务需求。发展私人银行正是为了更好地满足这种服务需求。除了满足他们个人的投资理财等需要外，还要满足他们旗下的实体企业的金融服务需要等。

一、提供全方位的财富管理金融服务

改革开放三十多年来，随着中国经济社会的快速发展，一大批民营企业迅速崛起，它们在对国家经济进行有宜补充，创造大量就业机会的同时，缔造了大批民营企业家。他们靠勤劳与智慧创造了雄伟的产业，支持着整个经济社会的发展。同时，随着国家对小康社会建设的不断推进，尤其是20世纪90年代开辟资本市场等投资市场以来，一大批职业投资人和投资机构应运而生。"一些人先富起来了。"又催生了一大批高净值客户。一个国际咨询公司预估，到2020年，中国1 000万级高净值人士保守估计将大大超过200万人。不管这个预估是否准确，但它反映了一个发展趋势。兴业银行与波士顿咨询公司前不久联合发布的《中国私人银行2015》报告显示，2015年中国私人财富达到人民币110万亿元，高净

值家庭数量达到201万户，拥有约41%的私人财富。按年均增长率11.4%计算，到2020年，高净值家庭（可投资资产超过600万元人民币）数量将达到346万户。这为私人银行业务发展带来了良好的商机（见下图）。

2015～2020年高净值家庭预计增加图

兴业银行与波士顿咨询公司联合项目组对1 265位高净值客户进行的调查显示，企业主占46%，国企高管与职业经理人占19%，专业投资人士占9%，律师和医生等专业人才占10%，演艺与收藏界等人士占8%，其他占8%（见下图）。

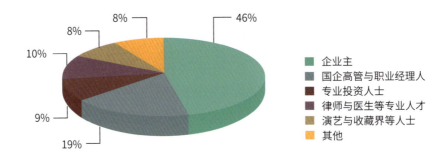

2015年高净值人群比例结构图

其中47%的人财富来源于创办实业公司，25%的人财富来源于金融市场投资，11%的人财富来源于工资薪酬积累，9%的人财富来源于房地产投资，7%的人财富来源于继承父辈资产，1%的人财富来源于其他途径。

　　他们对金融服务的需求不再是简单的零售业务服务和简单的理财服务，而是多维度的财富管理服务与资产管理服务。兴业银行与波士顿咨询公司联合项目组就1 265位高净值客户对投资产品感兴趣程度进行了调查，结果显示，他们对投资产品感兴趣程度从高到低依次为股票、信托、债券等固定收益类产品、储蓄和现金管理、PE、房地产相关投资、保险、互联网金融产品、金融衍生品、实物投资、海外投资、投资产品集合包和其他（见下图）。

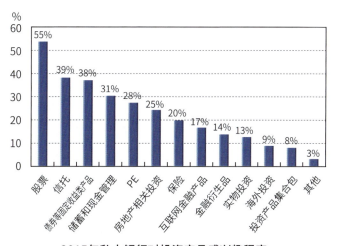

2015年私人银行对投资产品感兴趣程度

　　面对如此快速增长的高净值客户群体多维度的私人定制般金融服务需求，必须开展好私人银行服务，方能吸引和粘住他们。反之，就会错失商机。而要做好私人银行服务，则必须做好策划、人才、技术、渠道、产品、市场调查等多个方面的准备。

二、服务私人银行客户旗下的实体企业

　　社会上有一种认识，认为私人银行只是为富人服务的，这是一个认识误区。从上面"2015年高净值人群比例结构图"可以看出，46%的高净值人群是企业主，不少企业还是全国知名企业乃至国际知名企业。私人银行通过为客户个人服务的同时，也进一步扩展到为其旗下的企业提供多维度的金融服务了，实际上也在支持实体经济的发展。

　　根据监管部门披露的数据显示，2015年，私人银行类产品存续余额

为1.66万亿元，占全部理财产品资金余额的7.06%。按已披露的理财资金投入实体经济的综合比例67.09%计算，有约1.11万亿元资金投入了实体经济。仍然主要通过购买债券、非标资产和权益类资产方式支持实体经济发展。资金投向的行业主要有土木工程建筑业、公共设施管理业、房地产业、道路运输业、电力热力生产和供应业、煤炭业、农业、房屋建筑业等。

从资金配置情况来看，债券及货币市场工具、非标准化债权类资产是私人银行主要配置大类资产。其中，非标准化债权类资产是私人银行主要投资的资产之一，2015年，私人银行投资于非标准化债权类资产的资金约2 600亿元。主要投资方向包括收/受益权、信托贷款、委托贷款、交易所委托债权、带回购条款的股权性融资、信贷资产转让、私募债权、票据类、信用证等。

从投资的非标资产的风险来看，整体信用风险相对较低。2015年，在商业银行整体投资的非标债权资产中，15.10%的资产评级为AAA级，16.13%的资产为AA+级，25.75%的资产为AA级，A-级以下的资产仅占6.33%。私人银行投资的非标资产的风险相对更低。

需要提示的是，许多私人银行旗下的企业已是国内国际知名企业，打拼市场能力与盈利能力强。它们可能更需要的是私人增值服务、私人金融顾问服务和私人跨境金融服务，以及市场调查和风险评估与防范。

三、私人银行为社会创造财富

2015年，通过资产管理、投资理财以及专属资金配置，私人银行为客户创造的财富收益达816.8亿元，占商业银行兑付给客户收益总额的9.44%。为私人银行客户及其旗下的实体企业公司带来了可喜的财产性收益。私人银行在为客户创造财富的同时，也为自身实现收益157.6亿元，占整个商业银行投资理财收益总额的13.47%。

第三节　探索全权委托资产管理服务模式

私人银行全权委托资产管理业务模式起源于欧洲，将资产配置、保值增值、税务筹划、法律咨询、保险服务、财产传承等服务融为一体，是为超高净值人士打理资产的最常用方式。目前受限于法律、法规和分业监管而无法提供与境外一样的全权委托服务。但可以通过私人银行整合社会力量，在顾问咨询模式下通过创新服务来达到类似效果。

一、全权委托资产管理模式

全权委托资产管理是指客户全权委托私人银行等受托人，按照合同约定的投资目的、投资计划、投资范围和投资方式，代理其进行有关投资、资产管理、财产传承、法律咨询等服务。私人银行在注重客户需求和个性化服务的基础上，为单个客户单独定制资产管理方案，针对客户的个性化需求，专业地遴选适合他们的金融服务，为客户提供整合的、定制的、一揽子的金融解决方案。尊贵、专享、个性、长期、共赢的服务理念将主导全权委托资产管理业务的发展。全权委托资产管理业务主要包含专户全权委托、家庭办公室、家族信托等服务形式。

案例赏析　　王先生是某知名企业的董事长，其公司业务涉及医疗、精密仪器等诸多领域，拥有2亿元的空闲资金。普通的私人银行产品和服务都难以完全满足王先生的要求，迫切想通过私人银行服务获得完美财富管理体验。

私人银行对王先生的需求进行了深入探讨研究，认为可通过专属资产管理方式，提供专户全权委托服务满足其需求。在与王先生就专户的设计理念、投资策略、具体投资组合和产品特性进行充分沟通后达成共识，私人银行为王先生定制了全权委托资产管理专户，实行"一对一"管理，提供优质高效的资产管理服务。

解决方法包括：一是双顾问配置，信息对称。私人银行为王先生配置了分行财富顾问、投资顾问以及总行投资经理，其中财富顾问负责定期向客户提供资产报告；投资顾问（投资经理）定期为客户提供市场情况，与客户充分沟通，确定投资策略，让客户充分知晓专户资金投资了哪些底层投资品、投资品的权重比例以及各种投资品的实时表现，并根据市场变化主动调整资产组合，获取市场机会。

二是单独建账，一户一策。根据王先生的情况，投资经理在投资策略安排上以稳健投资为理念，通过对宏观经济的研究确定大类资产配置比例，以债券、存款等固定收益投资为主，在权益市场投资机会良好时择时配置部分权益类资产，采取久期策略和信用策略来获取稳定收益，对投资组合进行动态管理。在专户设置策略上，安排了起点规模为2亿元，可每日申购、每月赎回的净值型理财结构的专户。

三是收益稳健，流动性保障。专户强调满足客户的个性化需求，并根据客户需求提供流动性价值。

私人银行全权委托资产管理专户为王先生提供了良好的收益性和流动性，获得了王先生的高度认可。前一阵子市场资金面出现超乎预期的紧张局面，各期限利率创年内新高。投资经理及时与王先生沟通，希望为其调整投资品仓位，大比例投资市场短期货币型高收益投资品，以提高专户收益。果然，专户净值随后出现快速增长，区间收益率远高于基准，大大超过了王先生的预期。王先生深刻感受到私人银行准确把握市场机会，灵活调节投资组合的能力，高度认可专户业务主动管理资产的服务模式。不久，王先生又签下一个新项目，需要在一周内投入5 000万元，此时离产品赎回开放期还有15天，需要提前赎回一些资金救急。私人银行马上启动专户客户流动性管理特别通道，做了相应的交易准备和流动性安排，第四天就将5 000万元资金转入王先生账户。客户顺利获得了新项目的投资机会，他欣喜地表示："这次我算是明白了，流动性也是有价值的！"

针对私人银行客户，能否提供专属资产管理服务，能否全方位地满足客户个性化需求，将成为吸引客户和维护客户的重要手段，也将成为私人银行打造差异化服务和专业化能力的重要手段。

二、开拓盈利新模式

在全权委托资产管理模式下，私人银行按客户资产管理规模收取相应的管理费及浮动业绩报酬，可改变目前过度依赖通过单项产品销售佣金或代理服务收费的盈利模式，在较大程度上改善银行与客户长期利益不一致性的问题。只有具有真正投资管理实力，让客户资产获得稳定的保值和增值，将维护客户利益放在首位，才能有效地赢得客户和市场的信赖，树立私人银行资产管理业务的品牌；才能获得长效发展，最终赢得资产管理市场的大份额。

案例赏析 田先生，是私人银行几十年的老客户，在某银行的可投资资产达亿元以上，平时经常忙于企业管理，对自己账户上的个人资金未能及时打理，产生闲置成本。针对此类现象，私人银行专门推出了受托资产管理业务。田先生作为老客户十分认可该银行的资产管理能力，客户经理也熟悉田先生的风险偏好。私人银行针对田先生风险收益偏好、流动性需求，为他制订了专属受托资产管理方案。

解决方法：经过多次沟通，最终田先生决定先将6 000万元的资产放入专户试运行一年，并希望收益率高于同期限稳健型私人银行产品。银行与田先生签订了委托投资协议。协议中，约定了专户不得投资保险产品、私募基金类产品，现金类产品不得低于10%，权益类投资不得高于40%等投资范围。同时，也与田先生约定了基准收益率及管理费、业绩分成等费率。

第一次全权委托，田先生还有很多担心，比如，银行如何进行投资的动态管理、信息披露、追加或者赎回资金的安排等。面对这些问题，双方进行了多轮磋商，在兼顾收益和流动性的前提下，最终给出了满意的方案。

关于信息披露，受托资产管理账户比照公募基金净值化的信息披露要求，定期生成产品的资产负债表、损益表和现金流量表等。并且每个月向田先生披露投资运作报告。报告的内容包括当期宏观经济的情况、市场的变化、资产配置明细、账户的业绩表现等内容。

这笔受托资产管理业务运作了半年，产生了比同期限稳健型私人银行产品高出许多的收益，田先生对于运作情况非常满意。私人银行也按委托投资协议约定的业绩分成费率获得了相应的收益。

将合适的产品推荐给合适的人，才能事半功倍。在该案例中，客户经理有效地捕捉到了田先生无暇打理个人资产的情况，并很好地运用了田先生对于私人银行资产管理品牌的认可，成功向其进行了服务营销，同时实现了私人银行收益创新。

现在中国的第一代创业致富者已开始步入暮年，安排好其家族财富的传承，实现家族财富可持续发展的需求日益强烈。根据中银国际《财富报告》调查显示，2015年，85%的企业主关心和担心家族财富传承问题。财富传承的需求催生了家族信托业务的发展。如何做到既不与现行法规相冲突，又能满足私人银行客户及高净值人群的家族财富传承需求，值得关注。

一、私人银行客户财富传承催生家族信托

基于中国的文化传统和现实情况，越来越多的高净值人群开始重视家族财富的转移与传承。如何将家族财产有效地进行传承，是我国高净值人群越来越关心的问题。此外超高净值人群在分配与传承家族财富的时候，可能会引起潜在的利益矛盾，如何有效进行财富分配，是高净值人群关心的另一个问题。

家族信托也称个人信托，与投资理财信托不同，主要是依据信托法律赋予的信托财产独立和风险隔离功效，由委托人设立信托将财产进行隔离设置，以实现对家族财富进行长期规划和传承、破产隔离、财富保值增值、财产保密与控制（防止不当利益人侵占）等目的。境内家族信托体现的是一种基于信任的信托法律关系，涉及的主体包括委托人、受托人和受益人。委托人（私人银行客户）根据信托法律，基于对受托人（信托公司）的信任，将财产设立为信托，交给受托人，由受托人以自己的名义对信托财产进行管理、处分，信托公司按照合同事前的约定将信托财产交付给受益人。

二、将家族信托纳入私人银行业务的有益探索

越来越多服务于高净值人群的国内金融机构开始意识到将家族信托制度引入资产管理业务具有广阔前景。大型商业银行、股份制商业银行都不同程度地开始尝试将信托与私人银行资产管理业务相结合。招商银

行早在2012年8月就在国内推出了针对高净值客户的"家庭工作室"，并创建了中国模式的家庭工作室服务。中国民生银行则尝试将家族信托业务引入私人银行资产管理业务，于2013年5月推出了家族信托的资产管理业务模式。

（一）家庭工作室实现定制化服务

案例赏析　　秦先生是一家民营集团公司的总经理，对资本运作、财富管理有着独特的理念。当地银行同业普遍对与其企业合作极为注重，而对其个人资产管理没有针对性的服务提升。秦先生的个人投资分散在各银行，都是零敲碎打。某银行私人银行的客户经理发现秦先生资金实力雄厚，却无定制化服务。

基于此，该银行私人银行的客户经理首先根据秦先生的现金管理要求，首次尝试为其配置500万元信托产品，受到秦先生的欢迎。在以后的服务营销中，客户经理发现秦先生对自己资产配置要求很高，秦先生提出使其在固定期限内通过金融资产配置提高自身个人资金收益的要求。为此，该银行专门定制一款票据产品锁定投资收益；随后又为秦先生量身定做了信贷转让项目，其中对项目风险、预期收益和投向等进行详细规划、说明。专业、细致、人性化的服务赢得秦先生的好评。秦先生对该行针对高端客户定制产品的效率、专业赞不绝口。

私人银行客户经理还对秦先生在银行资产配置、投资收益定期分析通报，就资金长短安排、税务筹划提出一些建议，并为秦先生设计"一对多"专户产品方案，再次签下2 000万元的私募基金大单。随着时间推移，从秦先生资产配置到背后企业财务、公司业务联动，银行与秦先生的合作不断深化。

并且作为多家境内企业实际控制人、公司每年有数亿元的股权现金分红，客户还面临着个人资产合理避税、家庭传承等问题，并与私人银行了解稳定的财富管理模式，还表示了自己有意投资香港资本市场的计划。

解决方法：得悉这些信息，私人银行随后不断跟进，一起与客户面谈。通过充分了解客户后，发现境外家族信托应该是客户需要的最优解决方案。所以率先提出：依托多位一体跨境平台和家庭信托优势，围绕股权分红、资产配置、模式路径，并结合国外著名信托基金运作模式的方案，得到了客户认可。而后，银行充分整合资源，发挥境外子银行的优势。经过总分行与客户十多次的电话会议和反复面谈沟通，终于为客户量身定制境外家族信托计划，赢得了客户极大的肯定。同时，除上门服务外，银行还通过全球连线系统进行客户见证、服务，保持密切合作、不断沟通。

经过两个多月的资源整合、方案设计，私人银行为客户定制的首单境外信托诞生了。这种"私人定制"让客户切实体验到银行的专业化高端服务。客户对银行优质的服务态度、资产管理的专注和产品创新的专业性表示了高度称赞。

启示：基于对财富管理的超前认识，银行针对超高净值客户提出了定制化服务。定制化服务就是私人银行"家庭工作室"的核心思想，致力于为超高净值客户提供定制化的财富保障与传承方案。定制化服务能深入了解高端客户的需求并和客户建立起最牢固的信任关系，为日后深度经营客户及其家族企业，与其开展全面的业务合作提供良好的契机。

（二）家族信托实现家族财富有序传承

案例赏析　　赵女士为私人银行客户，其与爱人经营一家全国连锁企业，该企业主要从事商品批发。通过夫妻二人多年的打拼，该企业在当地规模逐步扩大，市场份额已超70%，成为当地的行业龙头。去年，赵女士所在企业成功上市，其家庭资产总量出现跨越式增长。

赵女士平时工作忙，很少来银行办理业务。私人银行主动组织专职团队与客户见面，介绍私人银行业务，发掘客户业务需求。通过详尽的介绍，赵女士了解到了私人银行的特色服务。同时，私人银行专职团队也了解到，赵女士资产配置主要集中于短期固定收益理财，综合资产回报率较低。通过对客户情况的详尽了解，私人银行专职团队从多方面入手对客户进行系统化服务。随着与客户沟通次数的增加，私人银行专职团队的专业能力渐渐得到了赵女士的认可和信任，支行个金客户经理令人满意的日常金融服务又增加了赵女士感情的粘稠度。通过和赵女士的持续沟通，私人银行专职团队进一步了解到，赵女士夫妇对于自己唯一的孩子极为看中，希望资产在其子女不同的人生阶段有序传承，但又不希望子女一次性拥有大量财富而形成倦怠思想，影响孩子的成长。

在详尽了解到客户的多维度需求后，私人银行团队联系总行私人银行中心、国际信托，利用全牌照的金融优势，在强大的专业团队的支撑下，为客户提供了详尽的家族信托方案，对于客户不同的需求都提供了相应的专业解决方案，得到了赵女士的高度认可，并签订了家族信托意向协议。

解决方法：第一，在客户孩子不同的成长阶段，按照客户意愿逐步过渡家族资产，并保留更改分配频率与金额的权利。

第二，由于客户不追求高收益，家族信托注入资产配置目标为在控制风险的前提下保值增值。

第三，家族信托成立合法合规，起到家庭资产防火墙的作用。

在信托方案的框架内，私人银行专职团队协助信托公司为客户进行财产尽职调查等诸多环节，最终与赵女士签署了家族信托合同，分批次注入资金2 000万元，并承诺随着股权的减持及其他资金的回笼，逐步增加家族信托资金总量。

启示：专业能力在客户服务中的重要性。高净值客户是各行业竞争的重点，在银行产品同质化的市场中，用专业化服务满足客户差异化需求是客户选择银行的重要因素。团队协作提升客户营销效率。单一营销已不能满足高净值客户多元化、差异性的金融及非金融需求，只有通过团队协作，多层级介入，专业分工，才可能提升客户服务营销效率。

三、将家族信托纳入私人银行资产管理业务，实现客户与银行双赢

从客户的角度：通过家族信托，可以满足高净值客户财富管理、财富保障、财富传承和财富分配的需要，满足高净值客户资产多元化、私密化配置的需要。由于私人银行与客户的利益一致，客户通过私人银行专业团队可以获得最大可能的利益保护。

从银行的角度：私人银行通过家族信托，可以为客户提供多元化的财富管理与传承服务，可以提升私人银行多元化金融服务的能力范围。

通过家族财富传承绑定客户，提升私人银行客户的忠诚度与稳定的中间业务收益。

第五节　私人银行业务推动公司业务发展

前面已介绍过国际上主流的私人银行大多采用的是综合化的发展模式，即依托于综合性银行集团或者投资银行集团，其在全球拥有众多分支机构，具备高效率的操作流程，同时与集团下属的投资银行和零售银行之间存在较强的战略协同。反过来，私人银行也可以通过为高净值客户服务而推动公司业务发展。

一、从私人到法人提供一体化服务

案例赏析　张先生是一家民营企业的控股股东兼董事长，集团主营业务是人防工程，近两年还承接了几个地方性的地铁项目。企业目前正处于快速发展期，企业利润稳步上升，伴随着业务越来越多，企业同时需要预备较大流动资金。张先生平常喜欢打高尔夫，不常来银行，业务主要通过网上银行和手机银行来办理。他的个人业务主办银行有三家，公司业务主办银行有两家。个人资产主要投资于企业股权和银行代销的集合信托产品，其余则主要为储蓄或短期产品，目前活期存款2 000万元左右，作为企业流动资金的补充。

家庭背景：张先生与妻子感情很好，有两个孩子在国外念书，客户把一部分的现金资产放在爱人名下交由爱人打理。其爱人现已退休，主要负责照顾家里，喜欢养生和购物，家庭财务决策以张先生意见为主。他保险意识比较强，很早就给家人都买了充足的保险。

客户擅长实体经营，所投资的产品种类很多，但大部分跟企业所经营的行业相关，对资本市场的股票和基金都没有涉及。由于企业现金流稳定，之前很少贷款，家庭在国内有多处房产，也都没有贷款。公司目前正处于发展阶段，未来三年还要分别在河北和内蒙古成立新公司，总投入资金至少还需要5 000万元。针对上述情况，私人银行投资顾问认真总结了客户所持有产品的不同类型和风险属性，尤其结合企业的资金状况，查找要解决的问题。

经过分析，私人银行客户经理与投资顾问总结了客户在财富管理中的三方面问题：

一是投资产品单一。客户的资产大部分都放在了高风险类，并且占总投资资产的比例达到70%以上，投资的行业非常集中，且都与房地产行业相关。这部分投资虽然收益高，但是存在的隐性风险很大。随着经济发展减速，结构化调整，各种政策的限制等，房地产行业未来的不确定性也在不断增加，如果不及时调整，未来发生亏损的几率将会很大。

二是负债率低。客户个人和公司都没有负债，拥有不错的个人和公司资质优势，却没有运用财务杠杆来实现资产的有效增长。

三是资金使用效率低。客户的企业由其个人100%控股，在获得绝对控股权的同时，个人也面临较大压力。目前客户由于公司未来用款的不确定性，个人资金有部分闲置在活期上，降低了资金的使用效率。

在对以上的问题进行总结分析后，银行决定为客户重新调整现有的资产配置结构。公私联动，运用财务杠杆实现最佳财富配置方案：

一是降低房地产行业的配置比重，增加基金和银行理财产品的配置比例，选择风险匹配的产品，分散投资风险。

二是适度增加负债，用个人和公司的良好资质，申请融资授信，贷款资金用于企业经营。

三是个人资金可以留存用做投资资产，以增强资金的使用效率。

解决方法：做投资组合产品的选择时，先跟客户沟通了资产配置，合理分散风险，客户总会强调自己对自己的行业十分了解，对其他资产不感兴趣，而且认为基金的收益率不确定。

了解到客户的顾虑后，首先，私人银行投资顾问选择了一款零费率的债券型基金与客户切入，并且将债券基金的投资范围和风险跟客户做了详细的阐述。同时推荐了货币基金作为流动性管理的工具，让客户选择。客户表示愿意尝试做一部分基金，剩余做短期信托产品。

配置好产品组合，意味着成功留存了客户的大额资金，下一步便帮助客户申请高端主动授信。基于前期建立的信任，客户将个人和企业的资料都安排财务总监提供给了银行。经历一段时间的等待，高端授信成功获批。而在这段时间，客户也已在此银行成功开立了公司一般账户。

最终的营销结果是：为客户配置了2 000万元理财产品，1 000万元信托，1 000万元基金。申请1 000万元授信贷款并成功放款。实现资金量和贷款量的双重增长，将个人客户联动营销为公司客户。

启示：通过良好的沟通，与客户建立信任关系，详细了解客户以往的投资情况、客户的风险偏好、总结客户投资组合存在的问题。了解银行各业务线产品、依据产品的特点结合客户的需求，设计适合客户需求的投资组合方案。用好公司联动交叉营销，通过帮助私人银行客户个人资产和企业资产增长，实现客户与银行的双赢。

二、通过私人银行撬动对公业务

案例赏析 牛先生是某日化有限公司董事长，公司为家族企业，在当地日化行业独领风骚，且被列入政府重点扶持发展企业名单。牛先生夫妇持有70%股权，其余30%由其两个儿子分别持有。

客户牛先生年届60岁，三代同堂，目前仍是公司实际控制人和决策人。该公司年销售额在6亿元以上，在多家银行开户，一直是某银行对公业务的争取对象，但迟迟没有进展。

该行私人银行客户经理在参加当地一次中小企业联谊会时，正逢牛先生应邀作大会发言，畅谈当前经济形势、企业发展思路及所面临的现实问题。私人银行客户经理从中敏锐地发现，牛先生对企业接班人和未来的退休生活存在忧虑，便在会下主动接触了牛先生，先从A股的日化上市公司聊起，对日化行业和上市企业进行简单分析和专业点评，赢得牛先生的称赞，引起牛先生的共鸣，随后介入家庭财富传承话题，介绍了私人银行在家庭保障和财富传承方面的优势，引起牛先生的极大兴趣。在互留联系方式后，客户经理约牛先生到银行做后续交流，牛先生愉快地接受了邀请。

解决方案：私人银行客户经理对牛先生的家庭资产和理财目标进行了全面梳理，为他全家办理了银行的"添金宝"卡，用于日常的现金管理，对其大额现金资产进行了三类配置。一部分为牛先生定制高收益的银行理财产品，另一部分配置成汇添富公司的基金组合。牛先生所持有的A股股票则由合作券商的专业投资顾问逐一进行诊断，供牛先生自主判断，在个股的关键买卖时点和市场短线变化时提前预警。在保险规划方面，会同寿险公司区域经理一起为他夫妇进行"一对一"规划，除满足其健康和意外保障之外，还在财富传承方面做了特别考虑，分别以两个儿子为受益人购买了大额保单。同时，为牛先生的公司员工做了一场保险专业讲座，为牛先生提供了公司职工团体保险方案。

借此机会，该行对公客户经理也介入其中，从牛先生公司的票据贴现入手，提供一揽子投融资解决方案，最终得到了公司的代发工资和主要结算业务。另外，该行与牛先生公司工会共同组织了丰富多彩的银企联谊活动，员工之间结成了好朋友。

通过对牛先生家族和公司员工的整体服务营销，该行累计办理"添金宝"卡300余张，沉淀储蓄存款2 000多万元，销售银行理财产品4 000余万元，股票型基金500万元；在对公业务方面，企业日均存款达到4 000多万元，票据贴现1.2亿元，并带动其关联企业开立多个对公结算账户。

启示：站在银行角度做服务营销往往会受到客户的排斥和抵触，而找到客户的真正需求并加以解决，会让客户体验大幅提升。私人银行客户经理依靠敏锐的视角，直接抓住客户的"痛点"，辅以全方位的解决方案，既体现了私人银行的专业性，也体现了银行内部良好的沟通协调机制，从而取得了公私业务共同发展的最佳效果。

附件1

银行客户满意度指数项目体系

		指标项目（分）	分值
综合满意度（满分100分）	服务（满分40分）	服务环境（5）	
		服务态度（5）	
		服务质量（5）	
		服务效率（5）	
		服务信息（5）	
		服务公平（5）	
		售后服务（5）	
		投诉处理（5）	
		小计	
	产品（满分60分）	信贷产品（5）	
		信用卡（5）	
		理财产品（5）	
		贵金属投资（5）	
		网上银行（5）	
		手机银行（5）	
		电话银行（5）	
		自助银行（5）	
		微信银行（5）	
		直销银行（5）	
		电视银行（5）	
		电商平台（5）	
		小计	
		合计	

附件2

银行客户满意度调查问卷

尊敬的客户：您好！

为了更好地为您提供金融服务，我们编制了本套银行服务调查问卷，烦请您拨冗在"□"内打钩作答，不胜感激！＿＿＿＿＿＿ 银行。

本套问卷主要分为基本情况和问卷测评两个部分：

第一部分　基本情况

1. 您成为本行客户的时间为：

□1年以内　　　□1～5年　　　□5～10年　　　□15年以上

2. 您多长时间去一次银行：

□1星期　□1～4星期　□1～2月　□2～5月　□5～12月　□从不

3. 您一般在哪个时段到银行办理业务：

□上午10:00以前　　□上午10:00～12:00　□上午12:00～下午2:00

□下午2:00～4:00　　□下午4:00以后　　　　□周末去

4. 您在等候办理业务时，希望银行员工能在哪些方面为您提供服务？（可多选）

□提供饮料　　□电视屏幕　　□协助填单　　□提供理财资讯

□提供产品介绍　□提供风险防范信息　□其他

5. 银行网点距离您家或者单位有多远：

□公交车1站路　□1～2站路　□2～4站路　□4～6站路　□6站路以上

6. 您在银行网点大约需要等多长时间才能得到服务：

□5分钟内　□5～10分钟　□10～15分钟　□15～20分钟　□20分钟以上

第二部分　问卷测评（未做过的业务可以不作答）

1. 服务环境

（1）您对营业厅外部门楣标牌、形象标识、电子显示屏、宣传橱窗、环境卫生：

□非常满意　□满意　□一般　□不满意　□非常不满意

（2）您对机动车停车位、无障碍停车位和非机动车停车区设置：

☐非常满意　☐满意　☐一般　☐不满意　☐非常不满意

（3）您对营业厅内功能分区、温度、空气、光线、绿植等室内环境：

☐非常满意　☐满意　☐一般　☐不满意　☐非常不满意

（4）您对点验钞机、饮水设施、WIFI服务、雨伞、轮椅、便民箱等便民服务：

☐非常满意　☐满意　☐一般　☐不满意　☐非常不满意

（5）您对营业窗口设置、爱心窗口、窗口座椅舒适度、免拨客服电话等服务：

☐非常满意　☐满意　☐一般　☐不满意　☐非常不满意

2. 服务态度

（1）您对大堂人员主动接待、引导取号、专业知识、指导客户、解决诉求：

☐非常满意　☐满意　☐一般　☐不满意　☐非常不满意

（2）您对柜台员工举手招迎、主动问候、主动尊称、提示客户、礼貌道别等：

☐非常满意　☐满意　☐一般　☐不满意　☐非常不满意

（3）您对银行不准以贷转存、以贷收费、借贷搭售等相关规定执行情况：

☐非常满意　☐满意　☐一般　☐不满意　☐非常不满意

（4）您对银行员工仪容仪表、工号佩戴、精神状态、职业修养和职业形象：

☐非常满意　☐满意　☐一般　☐不满意　☐非常不满意

（5）您对员工微笑服务、文明用语、沟通能力、行为举止、亲和程度等：

☐非常满意　☐满意　☐一般　☐不满意　☐非常不满意

3. 服务质量

（1）您对银行网点多功能业务服务：

□非常满意　　□满意　　□一般　　□不满意　　□非常不满意

（2）您对网点为您提供的等候服务、填单与操作指导、柜面业务办理等：

□非常满意　　□满意　　□一般　　□不满意　　□非常不满意

（3）您对员工主动了解需求、受理业务申请，准确推荐产品和提供服务情况：

□非常满意　　□满意　　□一般　　□不满意　　□非常不满意

（4）柜台等人工为您办理业务的出错情况：

□完全没有　　□没有　　□一般　　□有　　　□经常有

（5）您在使用自助机具时所得到银行员工的讲解和帮助：

□非常满意　　□满意　　□一般　　□不满意　　□非常不满意

4. 服务效率

（1）银行网点为您提供限时服务情况：

□完全没有　　□没有　　□一般　　□有　　　□经常有

（2）您对网点办理业务的熟练、准确、快捷、高效程度：

□非常满意　　□满意　　□一般　　□不满意　　□非常不满意

（3）您对网点简单业务快速办理窗口的通畅情况：

□非常满意　　□满意　　□一般　　□不满意　　□非常不满意

（4）您到银行网点办理业务遇到排长队情况：

□完全没有　　□没有　　□一般　　□有　　　□经常有

（5）您对网点以公告栏、提示卡等方式提示网点业务办理高低峰时段信息情况：

□非常满意　　□满意　　□一般　　□不满意　　□非常不满意

5. 服务信息

（1）您对网点通过各种方式向客户公示服务价格、免费服务项目及变更的情况：

□非常满意　　□满意　　□一般　　□不满意　　□非常不满意

（2）您对员工办理收费业务时提前告知收费标准，尊重客户知情权情况：

　　□非常满意　　□满意　　□一般　　□不满意　　□非常不满意

　　（3）您对银行妥善保管客户资料、尊重客户隐私权规定执行情况：

　　□非常满意　　□满意　　□一般　　□不满意　　□非常不满意

　　（4）您明确表示不接受相关服务价格时，银行员工仍强制您接受服务的情况：

　　□完全没有　　□没有　　□一般　　□有　　　□经常有

　　（5）您对合同文件中服务项目、内容、价格，及优惠措施等信息公示情况：

　　□非常满意　　□满意　　□一般　　□不满意　　□非常不满意

　　6. 服务公平

　　（1）您对网点为残障人士提供电子显示屏、助盲卡、轮椅、下沉式ATM情况：

　　□非常满意　　□满意　　□一般　　□不满意　　□非常不满意

　　（2）您对导盲犬可进入网点规定执行情况及"导盲犬可进入"标识张贴的位置：

　　□非常满意　　□满意　　□一般　　□不满意　　□非常不满意

　　（3）您对银行网点设置的无障碍通道等相当功能服务设施：

　　□非常满意　　□满意　　□一般　　□不满意　　□非常不满意

　　（4）您对银行支持社会公益、慈善事业以及履行社会责任情况：

　　□非常满意　　□满意　　□一般　　□不满意　　□非常不满意

　　（5）您对网点公众教育区配备的公众教育、金融知识普及读物情况：

　　□非常满意　　□满意　　□一般　　□不满意　　□非常不满意

　　7. 售后服务

　　（1）您在网点申请短信服务后，银行为您提供短信服务：

　　□非常及时　　□及时　　□一般　　□不及时　　□非常不及时

　　（2）您办理贷款业务后，银行员工以各种方式与您保持联系的频率：

　　□非常高　　□高　　□一般　　□不高　　□很少联系

（3）您在偿还贷款前或偿还银行卡透支款项前是否收到银行短（微）信提醒：

□非常及时　　□用时　　　□一般　　□不及时　　□非常不及时

（4）您对拨打银行客服电话解决问题的速度和情况：

□非常满意　　□满意　　　□一般　　□不满意　　□非常不满意

（5）银行网点就您的银行卡或银行存折被自助机具吞没后的处理速度：

□24小时内　　□1～2天　　□3天　　□3～5天　　□5天以上

8. 投诉处理

（1）您认为银行网点客户投诉处理投诉渠道：

□非常畅通　　□畅通　　　□一般　　□不畅通　　□非常不畅通

（2）当您在银行网点进行现场投诉，您对网点处理情况：

□非常满意　　□满意　　　□一般　　□不满意　　□非常不满意

（3）您对投诉后银行就您留在客户意见簿上的意见建议回复处理情况：

□非常满意　　□满意　　　□一般　　□不满意　　□非常不满意

（4）您通过银行客服电话投诉后，银行后续反映与处理情况：

□非常满意　　□满意　　　□一般　　□不满意　　□非常不满意

（5）您进行投诉到解决问题所用时间为：

□3个工作日内　　□5个工作日　　□7个工作日　　□15个工作日
□60个工作日

9. 信贷产品

（1）您对银行所提供的贷款（个人和公司）种类、额度和期限：

□非常满意　　□满意　　　□一般　　□不满意　　□非常不满意

（2）您对银行所提供的贷款（个人和公司）利率、抵押和担保情况：

□非常满意　　□满意　　　□一般　　□不满意　　□非常不满意

（3）您对银行提供的房屋按揭贷款的办理手续、效率和后续跟踪情况：

□非常满意　　□满意　　□一般　　□不满意　　□非常不满意

（4）您对银行提供的个人消费贷款满足自身消费需求的情况：

□非常满意　　□满意　　□一般　　□不满意　　□非常不满意

（5）您对银行所提供的贷款（个人和公司）种类的更新情况：

□非常满意　　□满意　　□一般　　□不满意　　□非常不满意

10. 信用卡

（1）您对信用卡的透支取现、刷卡消费等功能：

□非常满意　　□满意　　□一般　　□不满意　　□非常不满意

（2）您对信用卡还款短期滞后银行进行个人信用不良记录登记和滞纳金收取：

□非常满意　　□满意　　□一般　　□不满意　　□非常不满意

（3）您对银行针对还款到期之前或还款之后的提示情况：

□非常满意　　□满意　　□一般　　□不满意　　□非常不满意

（4）您对银行关于信用卡密码保护、防盗刷的提醒义务履行情况：

□非常满意　　□满意　　□一般　　□不满意　　□非常不满意

（5）您对银行关于您有疑义的消费记录的核实情况：

□非常满意　　□满意　　□一般　　□不满意　　□非常不满意

11. 理财产品

（1）您对银行所提供的理财产品种类、起购额度等：

□非常满意　　□满意　　□一般　　□不满意　　□非常不满意

（2）您对银行关于理财产品的风险提示以及对您的风险评估测试：

□非常满意　　□满意　　□一般　　□不满意　　□非常不满意

（3）您对银行销售理财人员所具有理财上岗资格证书及业务熟练程度：

□非常满意　　□满意　　□一般　　□不满意　　□非常不满意

（4）您对银行所提供的理财产品的收益性和流动性：

□非常满意　　□满意　　□一般　　□不满意　　□非常不满意

（5）您是否在银行购买理财产品时遇到过捆绑销售或强制销售的情况：

□完全没有　　□没有　　□一般　　□有　　　　□经常有

对于购买理财产品，您希望通过哪种方式办理？

_____

_____

_____

　　银行工作人员在为您办理购买理财产品手续时，您是否希望他能为您介绍更多产品供您选择？

_____

_____

_____

12. 贵金属投资

（1）您对银行所销售贵金属产品的种类：

□非常满意　　□满意　　□一般　　□不满意　　□非常不满意

（2）您对银行所销售贵金属产品的收藏价值：

□非常满意　　□满意　　□一般　　□不满意　　□非常不满意

（3）您对银行员工关于贵金属投资市场行情分析的专业性和技术性：

□非常满意　　□满意　　□一般　　□不满意　　□非常不满意

（4）您对银行员工关于贵金属投资的风险提示：

□非常满意　　□满意　　□一般　　□不满意　　□非常不满意

（5）您对银行关于贵金属投资的后续跟踪服务：

□非常满意　　□满意　　□一般　　□不满意　　□非常不满意

13. 网上银行

（1）您对网上银行服务的便利性、稳定性和快捷性：

□非常满意　　□满意　　□一般　　□不满意　　□非常不满意

（2）您对网上银行客户登录与退出的安全认证及其他个人信息和资金安全的保护情况：

□非常满意　　□满意　　□一般　　□不满意　　□非常不满意

（3）您对网上银行所提供的生活缴费、转账汇款、购物消费等服务：

□非常满意　　□满意　　□一般　　□不满意　　□非常不满意

（4）您对银行网点内部支撑网上银行的有线网络或WIFI环境：

□非常满意　　□满意　　□一般　　□不满意　　□非常不满意

（5）您在使用网上银行时是否遇到过被网络病毒攻击或银行卡被盗刷的情况：

□完全没有　　□没有　　□一般　　□有　　　□经常有

您习惯使用网上银行吗？

_____

_____

_____

14. 手机银行

（1）您对手机银行服务的便利性、稳定性和快捷性：

□非常满意　　□满意　　□一般　　□不满意　　□非常不满意

（2）您对手机银行的客户登录与退出的安全认证及其他个人信息和资金安全的保护情况：

□非常满意　　□满意　　□一般　　□不满意　　□非常不满意

（3）您对手机银行所提供的生活缴费、转账汇款、购物消费等服务：

□非常满意　　□满意　　□一般　　□不满意　　□非常不满意

（4）您对银行所配备的手机银行客户端（APP）的使用情况：

□非常满意　　□满意　　□一般　　□不满意　　□非常不满意

（5）您在使用手机银行时是否遇到过被网络病毒攻击或银行卡被盗刷的情况：

□完全没有　　□没有　　□一般　　□有　　　□经常有

15. 电话银行

（1）您对电话银行所提供的服务种类和服务内容：

□非常满意　　□满意　　□一般　　□不满意　　□非常不满意

（2）您对电话银行的拨通流程和应答速度：

□非常满意　　□满意　　□一般　　□不满意　　□非常不满意

（3）您对电话银行人工服务的服务态度和服务质量：

□非常满意　　□满意　　　□一般　　□不满意　　□非常不满意

（4）您对银行网点设置电话银行的位置和使用流程说明：

□非常满意　　□满意　　　□一般　　□不满意　　□非常不满意

（5）您是否遇到过电话银行欺诈现象：

□完全没有　　□没有　　　□一般　　□有　　　　□经常有

16. 自助银行

（1）您对自助银行的地理位置、无障碍通道、公用停车位等：

□非常满意　　□满意　　　□一般　　□不满意　　□非常不满意

（2）您对自助银行内部的自助机具数量以及业务操作流程的便利性、顺畅性和智能化：

□非常满意　　□满意　　　□一般　　□不满意　　□非常不满意

（3）您对自助银行服务区为保护客户个人隐私而设置的一米线、遮挡板、安全舱等：

□非常满意　　□满意　　　□一般　　□不满意　　□非常不满意

（4）您对自助银行内部语音风险提示以及自助机具屏幕上的风险提示：

□非常满意　　□满意　　　□一般　　□不满意　　□非常不满意

（5）您是否遇到过自助机具无故吞卡、吞钞，或者出现其他障碍但没有明显提示的情况：

□完全没有　　□没有　　　□一般　　□有　　　　□经常有

如果您曾经遇到过被自助机具吞卡或吞钞的情况，银行员工需要多长时间帮您取回银行卡或现钞？

_____

_____

_____

17. 微信银行

（1）您对微信银行所提供的手机充值、转账汇款、信用卡还款、预约办理、购物消费等服务：

□非常满意　　□满意　　　□一般　　□不满意　　□非常不满意

（2）您对微信银行关于登录和退出的安全认证及其他个人信息和资金安全的保护情况：

□非常满意　　□满意　　　□一般　　□不满意　　□非常不满意

（3）您对使用微信银行时二维码"扫一扫"的顺畅情况：

□非常满意　　□满意　　　□一般　　□不满意　　□非常不满意

（4）您对微信银行与淘宝、京东等电商之间的支付关联情况：

□非常满意　　□满意　　　□一般　　□不满意　　□非常不满意

（5）您在使用微信银行时是否遇到过被网络病毒攻击或银行卡被盗刷的情况：

□完全没有　　□没有　　　□一般　　□有　　　　□经常有

18. 直销银行

（1）您对直销银行"不设立物理网点、不发放实体银行卡"这一服务模式：

□非常满意　　□满意　　　□一般　　□不满意　　□非常不满意

（2）您对直销银行所提供的服务种类：

□非常满意　　□满意　　　□一般　　□不满意　　□非常不满意

（3）您对直销银行提供服务的安全性：

□非常满意　　□满意　　　□一般　　□不满意　　□非常不满意

（4）您对支撑直销银行服务的电脑、电子邮件、手机、电话等远程渠道：

□非常满意　　□满意　　　□一般　　□不满意　　□非常不满意

（5）您在使用直销银行时是否遇到过网络欺诈和被网络病毒攻击的情况：

□完全没有　　□没有　　　□一般　　□有　　　　□经常有

19. 电视银行

（1）您对电视银行业务功能满足个人服务需求的情况：

□非常满意　　□满意　　　□一般　　□不满意　　□非常不满意

（2）您对使用电视银行在时间和地点方面的便利性：

□非常满意　□满意　□一般　□不满意　□非常不满意

（3）您对电视银行的柜面注册、自助注册和网银注册三种开通方式的便利性和操作性：

□非常满意　□满意　□一般　□不满意　□非常不满意

（4）您对电视银行关于登录和退出的安全认证及其他个人信息和资金安全的保护情况：

□非常满意　□满意　□一般　□不满意　□非常不满意

（5）您对在使用电视银行时是否遇到过被欺诈或者网络病毒攻击等情况：

□非常满意　□满意　□一般　□不满意　□非常不满意

20. 电商平台

（1）您对银行电商平台的商品和服务的质量、数量和种类：

□非常满意　□满意　□一般　□不满意　□非常不满意

（2）您对银行电商平台所提供的包装、配货、质量保证等售后服务：

□非常满意　□满意　□一般　□不满意　□非常不满意

（3）您对电商平台关于登录和退出的安全认证及其他个人信息和资金安全的保护情况：

□非常满意　□满意　□一般　□不满意　□非常不满意

（4）您对电商平台对跨行银行卡的兼容使用情况：

□非常满意　□满意　□一般　□不满意　□非常不满意

（5）您在使用电商平台时是否遇到过网络欺诈和被网络病毒攻击等情况：

□完全没有　□没有　□一般　□有　□经常有

此外，您若有别的意见和建议，请填在以下空白处：

_____

_____

_____

_____

最后，为了便于将信息进行分类汇总，我们希望您能提供一些其他信息，这些信息将被严格保密，并仅用于银行服务满意度调查统计。请在下面相应"□"内划"√"。

1. 您的年龄：

□18岁以下　□18～23岁　□23～30岁　□30～40岁　□40～50岁

□50～60岁　□60～70岁　□70岁以上

2. 您的年均收入（人民币）：

□5万元　□5万～10万元　□10万～20万元　□20万～30万元

□30万～40万元　□40万～50万元　□50万～70万元

□70万～100万元　□100万元以上

问卷作答完毕，再次感谢先生您□，或女士您□，向您致敬！

注：客户满意度计算说明

《银行客户满意度指数项目体系》是测算银行客户综合满意度的度量表，满分为100分，包括服务和产品两项二级指标，满分分别为40分和60分，其中服务指标又包括服务环境、服务态度、服务质量、服务效率、服务信息、服务公平、售后服务和投诉处理共8项三级指标，每项三级指标满分为5分；产品指标包括信贷产品、信用卡、理财产品、贵金属投资、网上银行、手机银行、电话银行、自助银行、微信银行、直销银行、电视银行和电商平台共12项三级指标，每项三级指标满分为5分。每项三级指标的得分由《银行客户满意度调查问卷》相应部分的情况而定。在《银行客户满意度调查问卷》中，每项三级测评指标都包括5个问题，每个问题分别对5级态度"非常满意、满意、一般、不满意、非常不满意"赋予"1、0.8、0.6、0.4、0.2"的得分。将所有客户对单个三级指标的打分进行加总平均，得出一个1～5分的分值，再除以该三级指标的满分5分并换算为百分比，用以判断客户对该项服务或产品的满意度状况。将所有客户对所有服务和产品的打分进行加总平均，得出一个20～100分的分值，再除以客户综合满意度的满分100分并换算为百分比，用以判断银行客户综合满意度状况。

参考文献

[1] [美]克里斯托弗·H.洛夫洛克著，陆雄文、庄莉主译：《服务营销（第三版）》，北京：中国人民大学出版社，2001。

[2] 《2015年度360°银行评测报告》，银率网，2015-01-16。

[3] 姜建清：《互联网金融》，内部讲话。

[4] 张笑恒编著：《马云的哲学》，北京：中国画报出版社，2014。

[5] 中国银行业协会编：《中国银行业服务改进情况报告（2011～2015）》，内部课题。

[6] 中国银行业协会编：《用真诚服务感动大众》，北京：中国金融出版社，2012。

[7] 中国银行业协会编：《银行大堂经理知识读本》，北京：中国金融出版社，2014。

[8] 陈石著：《风景线——银行网点设计布局范例》，内部资料。

[9] 中国银行业协会私人银行业务委员会编：《探索建立以资产管理为核心的私人银行业务经营模式》，内部课题，www.china-cba.net。

[10] 中国银行业协会私人银行业务委员会编：《商业银行财富管理经典案例100篇》，北京：中国金融出版社，2016。

[11] 中国人民银行：《2015年支付体系运行总体情况》，http//:www.pbc.gov.cn/goutongjiaoliu/113456/113469/3044097/index.html。